समर्पण

मैं अपना 'नारी जीवन : कठिन डगर' लेख व कहानी संग्रह' हरियाणा गौरव डॉ. सविता चड्ढा जी को समर्पित कर रही हूँ।

"कुछ भी नहीं है मेरा लेकिन सारी दुनिया मेरी है ,
मेरे इसी विचार ने मुझको यहीं पे जन्नत दे दी है।"
मेरी दुनिया, मेरी दुनिया, मेरी दुनिया
ये किताबें, ये किताबें, ये किताबें।
मेरा सर्वस्व, मेरा सर्वस्व, मेरा सर्वस्व,
ये किताबें, ये किताबें, ये किताबें।
मेरा स्वर्ग, मेरा है स्वर्ग, मेरा तो स्वर्ग,
ये किताबें, ये किताबें, ये किताबें।

नारी जीवन कठिन डगर

भाग: दो

(कहानी संग्रह)

शाहाना परवीन 'शान'

PRACHI
DIGITAL PUBLICATION

Title : Naari Jeevan Kathin Dagar

Author : Shahana Parveen 'Shaan'

Edition : First (November, 2024)

ISBN : 9789348332004

Published by

PRACHI
DIGITAL PUBLICATION

Regd. Add.: 254, Khuriyakhatta No. 10, Bindukhatta,
Lalkuan, Nainital - 262402, Uttarakhand, India
Website : www.prachidigital.com
E-mail : info@prachidigital.in
Phone : +91 976041 7980, +91 976041 8103

Printed by :
Manipal Technologies Limited, Bengaluru - 560001, Karnataka

अनुक्रमणिका

क्र.सं.	शीर्षक	पृष्ठ सं0
1	समर्पण	3
2	सम्पादकीय	7
3	लेखकीय	9
4	कन्यादान का सही अर्थ क्या है?	11
5	बहू का सामान बेटी को देना	19
6	विवाह से सम्बंधित	22
7	घर के काम केवल औरत की ज़िम्मेदारी, आखिर क्यों?	27
8	शादी के बाद बलात्कार	35
9	खाने की मलिका या रसोई में कैद करने की साज़िश ?	42
10	दहेज देने की होड़ या दिखावा	57
11	नारी का घर कौन सा?	64
12	शादी पर खर्च व साज- सजावट/ डेकोरेशन	71
13	शादी और भोजन की बरबादी	75
14	बहू के मायके की बुराई	84
15	विधवा स्त्री का जीवन	91
16	आखिर कब खत्म होगी महिलाओं के प्रति हिंसा ?	99

17	दुल्हन की होगी कमी	107
18	आत्मरक्षा के लिए हथियार उठाओ बेटियों	114
19	विधवा जीवन क्यूँ त्रासदीपूर्ण ?	118
20	टिफिन में भेदभाव	123

सम्पादकीय

'नारी जीवन : कठिन डगर' मेरा यह संग्रह "नारी जीवन एक चुनौती" का दूसरा भाग हैं। नारी जीवन शुरू ही से संघर्षरत रहा है। जीने का प्रयास करना, अपने लिए समाज व परिवार में जगह बनाना ; अपने स्वाभिमान की रक्षा करना ; अपने ऊपर लगे झूठे आरोपों का विरोध करना आदि अनेक ऐसी बातें हैं जिनके लिए नारी सदियों से लड़ती व संघर्ष करती आ रही है। अपने पहले भाग में मैंने महिलाओं से जुड़े कुछ ख़ास मुद्दों पर चर्चा की है जो हमारे इर्द-गिर्द घूमते रहते हैं।

चीखें जो निकलती मुख से
कौन भला सुने यहाँ?
धड़कनें सुनता कौन,
क्या कोई है यहाँ?
बहता जो दर्द
तकलीफ बहुत देता है
किसी को फर्क नहीं पड़ता,
जो हादसा उसके साथ होता है।
घुट-घुटकर जीना औरत का,
किसी को दिखाई नहीं देता।
नारी जीवन कठिन डगर
प्रश्न का हल कभी सुझाई नहीं देता।
संघर्षमय जीवन जीती आईं
इतिहास उठाकर देखो
अपनी रक्षा के लिए स्वयं लड़ती आईं।

अपने प्रथम भाग “नारी जीवन एक चुनौती” में मैंने किशोरावस्था, गर्भावस्था, महावारी, पुत्री जन्म : एक ख़ौफ, परम्पराओं के नाम पर नारी शोषण, सुंदरता, भद्दे कमैंट, पाबंदियां, परिधानों पर रोक–टोक, पर्दा, बेटी–बेटे में फर्क, बेटी बहू में फर्क, तलाक, विधवाओं की स्थिति में सुधार, घर से करें शुरुआत आदि विषयों पर पाठकों व समाज का ध्यान केंद्रित किया है चूंकि विषय बहुत गहन है जितना भी लिखा जाए कम होगा। अपने पहले भाग में जिन विषयों पर मैं नहीं लिख पाई उनको मैंने अपने इस दूसरे संग्रह नारी जीवन : कठिन डगर में शामिल किया है। मेरा मुख्य उद्देश्य नारी मन की पीड़ा को आप सबके समक्ष लाकर उस पर लगे आरोपो व दोषों को खंडित करना है।।

उम्मीद करती हूँ मेरे इस संग्रह को पढ़कर नारी मन को शक्ति व साहस मिलेगा।

नारी जीवन कठिन डगर
चलना है निरंतर
बिना रूके
बिना डरे
बिना थके
चाहें आएं मुश्किलें कितनी भी
नहीं रुकना अब उसे।।

शाहाना परवीन “शान”
मुजफ्फरनगर उत्तर प्रदेश

लेखकीय

हर वर्ष हम सभी महिला दिवस मनाते हैं। नेताओं और बड़े–बड़े बुद्धि जीवियों द्वारा महिलाओं के विकास व खुशहाल जीवन पर भाषण दिए जाते हैं। उनकी सुरक्षा की बात कही जाती है। पर क्या कभी किसी ने सोचा है कि यह बातें केवल कागजों के पन्नों या फाइलों तक ही सिमट कर रह जाती हैं उनसे बाहर या तो कभी निकलती नहीं या निकालने की आवश्यकता समझी ही नहीं जाती।

इससे भी अधिक चिंता का विषय यह है कि देश की तकरीबन 60 फीसदी महिलाएं तो महिला दिवस के बारे में जानती तक नहीं, ना ही उन्हें अपने अधिकारो का भान है। मेरा शुरू ही से एक सपना रहा है कि समाज में प्रत्येक नारी को उनके अधिकारों का ज्ञान हो, उन्हें इतनी समझ हो कि उनके लिए क्या अच्छा है और क्या बुरा ? प्रत्येक नारी को यह सब पता होना बेहद आवश्यक है कि उनका जीवन केवल उनका है; वे किसी की गुलाम या प्रोपर्टी नहीं हैं कि कोई भी उनका इस्तेमाल अपनी इच्छा से करेगा और जी भरने पर उन्हें छोड़ देगा।

समाज में बहुत सारी ऐसी बातें हैं जो नारी जीवन को अंधेरे में धकेल देती हैं और नारी घुट–घुट कर या तो मानसिक रोगी बन जाती है या फिर अपने प्राण त्याग देती है।

ऐसे अनेक प्रश्न मेरे मन को विचलित कर रहे थे इन्हीं प्रश्नो का उत्तर खोजने के लिए मेंने अपना संग्रह सृजित किया। जिसमे मैनें उन महिलाओ के अन्तर्मन को जानने का प्रयास किया है जो दोषी ना होने पर भी दोषी मान ली जाती हैं। करीब जाकर उनके हृदयों

को टटोला तो पाया कि बेहद पीड़ा, अनचाहा रिश्ता, दर्द, कड़वी यादें , चिंताएँ, आरोप, क्या कुछ नहीं है नारी के मन में। अपने प्रथम भाग नारी जीवन एक चुनौती में मैंने कुछ ऐसे विषयों को लिया है जो नारी को जन्म से मृत्यु तक प्रभावित करते हैं। विषय बहुत गहन हैं तो जो विषय रह गये थे उन्हें मैंने अपने भाग दो नारी जीवन : कठिन डगर संग्रह में शामिल किया है। यह मेरा दूसरा भाग हैं नारी जीवन : कठिन डगर

एक नारी होने के नाते जो मैंने महसूस किया और जो आज भी अपने आस-पास होते देख रही हूँ, उस पर कुछ लिखने का एक छोटा सा प्रयास मात्र है नारी जीवन : कठिन डगर

नारी द्वारा नारी के मन को पढ़ने का एक प्रयास मात्र मेरा संग्रह।

आशा करती हूं कि मेरी सखी, सहेलियों, बहनों, माताओं, घर की बेटियों, सभी को मेरा संग्रह पसन्द आएगा।

आप सभी मुझसे सम्पर्क कर सकते हैं।

मेरा नंबर है : 9876850264

स्नेह के साथ आपकी बहन

✍ शाहाना परवीन"शान"...

कन्यादान का सही अर्थ क्या है?

जैसा कि आप सभी जानते हैं कि हिंदू विवाह के दौरान कई प्रकार की रस्में निभाई जाती हैं, इन्हीं में से एक सबसे महत्वपूर्ण रस्म है कन्यादान की।

सभी लोगों द्वारा अक्सर यह कहा जाता है कि कन्यादान का तात्पर्य "कन्या का दान" हैं, जो कि बिल्कुल गलत है। भगवान श्रीकृष्ण जी ने कन्यादान के सही अर्थ को समझाते हुए कन्या को कन्यादान नहीं बल्कि कन्या का आदान बताया है।

जब अर्जुन और सुभद्रा का गन्धर्व विवाह श्रीकृष्ण जी ने करवाया था; उस समय बलराम ने यह कहकर विरोध किया था कि "सुभद्रा का तो कन्यादान हुआ ही नहीं है।

बिना कन्यादान भला विवाह किस प्रकार से पूर्ण होगा?"

तब श्रीकृष्ण जी ने कहा कि 'प्रदान मपी कन्याया: पशुवत को नुमन्यते?' इसका मतलब है कि पशु की भांति कन्या के दान का समर्थन भला कौन कर सकता है? कन्यादान का सही अर्थ है कन्या का आदान, न कि कन्या का दान।

हम सबने सुना ही है कि शादी- विवाह के अवसर पर कन्या का आदान करते हुए पिता कहते हैं कि मैंने अभी तक अपनी बेटी का पालन-पोषण किया जिसकी जिम्मेदारी मैं आज से वर को सौंपता हूँ।

यह सुनकर वर कन्या की जिम्मेदारी अच्छी तरह से निभाने का वचन देता है।

यह विवाह की वह महत्वपूर्ण रस्म है जो कन्या का आदान कही जाती है।

बहुत से लोग यह समझते हैं कि कन्या का दान कर देने से अब सबकुछ वर के अधिकार में आ गया और पिता का पुत्री से किसी प्रकार का कोई अधिकार या सम्बन्ध नहीं रहा।

जबकि "आदान" का मतलब होता है लेना या ग्रहण करना। इस तरह एक पिता कन्या की जिम्मेदारी वर को सौंपता है और वर उन दायित्वों को ग्रहण करता है। इसे कन्या का आदान कहा जाता है।

सही अर्थों में देखा जाए तो वस्तुओं का दान किया जाता है; ना कि मनुष्यों का। कभी

किसी इंसान को हम किसी को दान में दे ही नहीं सकते। बेटी, कन्या, पुत्री ईश्वर का वो वरदान है जो माता-पिता की झोली में ईश्वर के आशीर्वाद के रुप में आती है।

कन्या का दान नहीं आदान किया जाता है।

कन्या आदान को सुविधा की दृष्टि से कन्यादान कह देते हैं। परंतु इसके सही अर्थ को ना बता पाने के कारण लोगों द्वारा इसका ग़लत अर्थ निकाल लिया जाता है। इसलिए आज भी हमारे समाज में लोग कन्यादान का ग़लत अर्थ निकाल लेते हैं।

जानते हैं इस प्रथा की शुरुआत के बारे में...

कन्यादान की प्रथा की शुरुआत :

यह एक महत्वपूर्ण विषय है "कन्यादान की प्रथा आखिर शुरू कैसे हुई?"

हिंदू शास्त्रों के अनुसार कन्या का आदान सबसे पहले प्रजापति दक्ष ने किया था। उन्होंने अपनी 27 कन्याओं का विवाह चंद्रदेव से करवाया था ताकि सृष्टि का संचालन सही तरीके से हो सके। प्रजापति दक्ष ने चंद्रदेव को अपनी बेटियों की जिम्मेदारी सौंपते हुए 'कन्या आदान' किया था। प्रजापति दक्ष की इन्हीं 27 पुत्रियों को ही 27 नक्षत्र माना गया है।

तभी से विवाह के दौरान कन्या आदान की प्रथा शुरू हो गई।

कन्यादान है महादान :

शास्त्रों में कहा गया है कि माता पिता द्वारा

अपनी बेटी को दूसरे के हाथों में सौंपना उस पर विश्वास करना, अपने दिल पर पत्थर रखकर यह कार्य करना कोई छोटा काम नहीं है। बहुत हिम्मत जुटानी पड़ती है; तब एक पिता अपने कलेजे के टुकड़े को वर के हाथों में सौंपता है।

माता-पिता के इस त्याग को सम्मान देते हुए शास्त्रों में कन्यादान को महादान की श्रेणी में रखा गया है। ये पिता और पुत्री की भावनाओं से जुड़ा हुआ है। बेटी अपनी ससुराल में सुखी रहें, हस्ती मुस्कुराती रहें, यही एक पिता चाहता है।

बहुत भावुक क्षण होता है जब एक पिता अपनी बेटी का हाथ दूसरे के हाथ में सौंपता है। ना जाने क्या कुछ उस पिता के मन में आता होगा उस समय; जब यह रस्म वह निभा

रहा होता है। कन्यादान एक ऐसी रस्म है जो पिता और बेटी के भावनात्मक रिश्ते को दर्शाती है।

इसके पश्चात जब बेटी डोली में बैठकर अपनी ससुराल जाती है; माता पिता की तो बुरी हालत होती ही है; आसपास में खड़े लोग भी खुद को संभाल नहीं पाते और फूट-फूटकर रोते हैं।

एक बेटी की जब विदाई होती है
उस समय यह दृश्य होता है...
बेटी की भावनाएं उसके मन की स्थिति
अपने जिगर के टुकड़े को तुमने कैसे विदाई दे दी?
आँखों से आसूँ बहते रहें फिर भी विदाई दे दी?

याद है बचपन में मेरी आँखों में तुम आँसू नहीं देख पाते थे,
आज भरी हैं आखँ आसूओं से फिर भी विदाई दे दी?

दिल आपका लिए जा रही हूँ अपनी रूखसती के साथ,
बाबुल तेरे आँगन ने भी मुझे आज विदाई दे दी।

जानती हूँ, नहीं रह पाओगे तुम खुश मेरे बिना,
याद करते रहोगे जब तक ना मिलने आऊगीं

बहुत प्यार मुझसे करते हो फिर क्यूँ विदाई दे दी?
आज भरी हैं आखँ आसूओं से फिर भी विदाई दे दी?

एक बेटी जब अपने पिता के घर से विदा होती है वो दृश्य इतना पीड़ादायक होता है कि अगर लिखने की कोशिश करो तो भी वे भाव नही लिखे जा सकते। माता पिता और भाई

बहनों के लिए घर से कन्या को विदा करना बहुत कठिन क्षण होता है।

पर क्या करें? ये रीत ही ऐसी बनाई गई है कि हर कन्या पक्ष को निभानी ही पड़ती है।

चलो मान लेते हैं कि यह रीत सदियों से चली आ रही है तो सबको निभानी ही पड़ेगी। सबकी बेटियां ससुराल में खुश रहें यही सब कामना करते हैं।

मन का भय:

बेटी की शादी जहां परिवार में एक उत्साह व खुशी का वातावरण उत्पन्न करती है, वहीं एक भय सा भी मन में उत्पन्न हो जाता है कि शादी के बाद कहीं उनकी बेटी के साथ ससुराल वाले कोई अप्रिय व्यवहार ना करें।

यहाँ अप्रिय व्यवहार से तात्पर्य दहेज व लेन देन से है। कभी कभार ऐसा हो जाता है कि उचित दहेज ना मिल सकने के कारण बहू को शारीरिक रूप से प्रताड़ित किया जाता है। कहीं पर मायके पर दबाव डाला जाता है। ऐसी बहुत सी अप्रिय घटनाएं हमने अपने आसपास होते अक्सर देखी ही हैं।

दहेज के लिए परेशान करना ऐसे में यदि ससुराल में किसी की बेटी को दहेज के लिए मार दिया जाए या फिर घर से बाहर निकाल दिया जाए या फिर इससे भी भयानक बहू को ज़िंदा जला दिया जाए? तब बताइये उन माता पिता के हृदय पर क्या बीतेगीं; जिन्होंने उस कन्या को जन्म दिया, बहुत दर्दनाक दृश्य होगा?

बेटी का पालन-पोषण:

एक बेटी को जन्म देना, उसका पालन-पोषण करना , उसकी शिक्षा आदि का प्रबंध करना, कोई छोटी बात नहीं है और ना ही कोई छोटा काम है। बल्कि जितनी मेहनत एक लड़के की परवरिश में लगती है, उतनी ही एक लड़की के पालन पोषण में भी लगती है। जो शिक्षा एक पुत्र को दी जाती है वही पुत्री को भी दी जाती है।

इसके अतिरिक्त पुत्र घर के कामकाज में हाथ नहीं बटाता परंतु एक लड़की को घर के सभी काम सिखाए व करवाए जाते हैं। आप स्वयं देख लीजिए लड़की चाहे कितनी भी पढ़ी लिखी हो/ शिक्षित हो परंतु घर की रसोई उसको आनी ही चाहिए अन्यथा वह पूर्ण कन्या मानी ही नहीं जाती।

जब लड़की का विवाह तय होता है तब हज़ारों सवाल उसके सामने होते हैं। यह सवाल ससुराल वालों की ओर से किए जाते हैं.....

तुम्हें खाना पकाना आता है?

कहां तक पढ़ी हो?

घर संभाल लोगी?

बेटे की कम सैलरी है इसमें तुम्हें एडजस्ट करना होगा। क्या कर पाओगी?

हमारा बेटा चाहे जैसे भी रखें तुम रह लोगी?

बहुत सारी ऐसी बातें हैं जो कन्या से पूछ ली जाती हैं परंतु कोई कन्या से यह कभी नहीं पूछता कि बिटिया जीवन में हर इंसान के अपने कुछ सपने होते हैं क्या तुम्हारा भी कोई सपना है? अगर है तो हमें बताओ शायद वो हम पूरा कर पाएं।

पर नहीं, कोई नहीं पूछता। सब केवल अपने मतलब ही की बात करते हैं।

एक पिता के पास उसकी बेटी पूरे बीस से लेकर पच्चीस साल या अधिक भी कह सकते हैं, रहती है। पिता अपना धन अपनी बेटी पर लगाता है। उसकी शिक्षा आदि पर खर्च करता है; परंतु वर पक्ष शादी के लिए जब कन्या को देखने आते हैं तो स्पष्ट रुप से कहते हैं कि उन्होंने अपने बेटे पर करोड़ों रुपए खर्च कर दिए परंतु वे यह भूल जाते हैं कि जिस कन्या को वे अपने घर की वधु बनाना चाहते हैं; उसके पिता ने भी तो उसकी परवरिश व शिक्षा पर लाखों रुपए खर्च किए होंगे? फिर एक तरफा की बात क्यों करनी ? यहां हिसाब बराबर का होना चाहिए। शिक्षा लड़के ने भी हासिल की और लड़की ने भी, फिर वर पक्ष का बार बार यह क्यों कहना कि उन्होंने अपने बेटे पर इतना धन खर्च किया?

एक और महत्वपूर्ण बात,, फिर दहेज भी किस बात का लिया जाता है? यहां तो प्रत्येक चीज़ में हिसाब बराबर और स्पष्ट रुप से दिख रहा है। इससे भी अच्छी और सटीक दूसरी बात , जहाँ लड़की भी नौकरी करती है और लड़का भी वहां तो दोनों ही कमाऊ हुए फिर ये सामान का लेना उपहारों का आदान- प्रदान सब क्या है?

वहाँ दहेज किस बात का दिया या लिया जाता है?

*कहने का तात्पर्य यह है कि जब एक लड़की किसी दूसरे के घर बहू बनकर जाती है,

तब ससुराल वालों को यह लगता है कि अभी मौका अच्छा है इसके पिता को जितना लूटना है लूट लो। शादी में ही कुछ या सबकुछ मिल सकता है अन्यथा इसके आगे फिर कुछ भी संभावना नहीं है क्योंकि फिर तो शादी हो ही जाएगी।।

एक और चीज़ जो हमने देखी है ; बेटी के संतान भी होगी तब भी मायके ही से उपहार, स्वर्ण आदि की मांग की जाती है। जिनके पास है वे माता-पिता बिना कहे अपने आप ही दे देते हैं परंतु जो नहीं दे पाते उन्हें मजबूर किया जाता है और उनपर दबाव डाला जाता है। कर्ज़ा लेकर जैसे तैसे करके वे बेटी की ससुराल में सामान पहुंचाते हैं।

किस्सा :

हमारी गली में ही एक ऐसी घटना हो चुकी है। हमारे घर के पास ही एक लड़की बहू बनकर आई। लड़की सुंदर भी थी और दहेज का सामान भी खूब लाई। आप यह समझ लीजिए कि सुई से लेकर जैनरेटर तक। लड़के की बात करें तो उसकी किरयाने की दुकान थी। परिवार वैसे शिक्षित था । सब मौहल्ले वाले हैरान थे कि इतना सामान दिया लड़की वालों ने। फिर भी सास अपनी बहू को गेट से बाहर कदम भी नहीं रखने देती थी। बहू घर ही में रहकर घर का सारा काम करती थी और दो ननदें थीं जो कालेज जाती थीं। ससुर सेवानिवृत्त थे।

शादी के दो साल बाद जब बहू को संतान हुई ; वह अस्पताल में थी। तब सास ससुर व बेटे ने एक लंबी सी लिस्ट बनाकर बहू के मायके वालों को भिजवा दी। जब बहू अस्पताल से घर वापिस आई ; तब उसके माता पिता मिलने आए। पूरी गाड़ी सामान से भरी हुई थी। लड़की के ससुराल वालों ने पूरे मोहल्ले वालों को बहू के मायके से आई मिठाई बांटी। इससे पहले उन्होंने किसी को चीनी का एक दाना तक नहीं खिलाया था। शायद वे बहू के मायके वालों व उनके सामान ही की प्रतीक्षा कर रहे थे।

कौन सा तरीका हुआ ये ? क्या बहू ने अकेले संतान पैदा कर दी थी? क्या ससुराल में उनके बेटे की संतान नहीं थी? फिर सारा खर्च , अस्पताल का बिल आदि सब बहू के मायके ही पर क्यों आ पड़ा ?

आखिर कब तक मायके वाले सिर झुकाए लड़के वालों के सामने हाथ बांधे खड़े

रहेंगे?

कब देश में क्रांति आएगी जो इस घटिया सोच वाले लोगों को बदल सके?

दहेज, उपहार सामान आदि का लोभ आखिर कब तक बहू के मायके वालों से किया जाता रहेगा?

बात कड़वी है पर सत्य है...

लड़की शिक्षित हैं कोई मायने नहीं रखता पर लड़का शिक्षित करोड़ों का।

समाज में यह विडंबना है कि सही को सही और ग़लत को कोई ग़लत कहने की हिम्मत नहीं करता। सबको लगता है छोड़ो हमारा क्या है। जिसके साथ हो रहा है वह खुद देखे। बस यही एक बात और समाज की पराई सोच , इस प्रकार की बातों को और हवा दे देती हैं और हर दिन कोई ना कोई कन्या दहेज की बलि चढ़ा दी जाती है।

वर पक्ष की मांगे और उनके इरादों को जान पाना बहुत कठिन काम है। कुछ तो इतने खराब व लालची होते हैं जो रिश्ता पक्का होने के बाद दहेज की मांग करते हैं। जिनके पास है वे दे देते हैं जिनके पास नहीं है वे उधार/ लोन आदि लेकर दहेज़ देते हैं।

इसी विषय पर कुछ पंक्तियां याद आ रही हैं....

"यत्र नार्यस्तु पूज्यन्ते रमन्ते तत्र देवता"
यह कहावत आज बस कहानी बनकर रह गई,
जो पढा.किताबो में बस किताबी बनकर रह गई।
दुनिया निकल गई आज आगे जाने कितनी?
फिर भी दहेज की कहानी पीछे नहीं छूट पाई।
मांगा जाता लड़की के पिता से दहेज,
लालची लोगों को लड़की की काबिलियत नहीं दिख पाई।
"हम नहीं लेंगे दहेज"
यह कहावत आज बस कहानी बनकर रह गई,
जो पढा.किताबो में बस किताबी बनकर रह गई।
दहेज की बलि चढ़ा दी जाती; ना जाने कितनी कन्याएं रोज़?

कोई रोकथाम नहीं चुपके से जला दी जाती कितनी ही वधुएं रोज़।
"हम खिलाफ दहेज के"
यह कहावत आज बस कहानी बनकर रह गई।
जो पढा.किताबो में बस किताबी बनकर रह गई।
इसकी कोई दवा अभी तक भी ना आई बाज़ार में,
कोरोना के बाद भी कुछ अक्ल ना आई इन लालची दानवों में।
क्यों नहीं समझ पाए अब तक लालची लोग?
"बहू ही दहेज है"
यह कहावत आज बस कहानी बनकर रह गई,
जो पढा.किताबो में बस किताबी बनकर रह गई।

नोट : आती है शर्म बहुत; जब हम समाचारपत्रों में बहू के दहेज ना ला पाने के कारण जलाने या सताए जाने की खबर पढ़ते हैं। लगता है हम पीछे चल रहे हैं। क्या लाभ ऐसी स्वतंत्रता का जो हमें हमारे द्वारा ही ज़ंजीरों में जकड़े जा रही है? हम कुछ कह नहीं पाते, हम कुछ कर नहीं पाते।

समाज की एक तरफा वाली सोच कि जिसके साथ हो रहा है वह स्वयं देखें हमें क्या ? यह सबसे घटिया सोच है जो समाज व देश में ऐसी घटनाओं को और बढ़ावा दे रही है।

बहू का सामान बेटी को देना

जब किसी लड़की की शादी होती है तो उसके मायके वालों के द्वारा उसे गृहस्थी का लगभग सभी प्रकार का सामान उपहार स्वरूप दिया जाता है।

ऐसा नहीं है कि उसकी ससुराल में उस तरह का कोई सामान पहले से मौजूद नहीं होता। वहां सबकुछ होता है पर फिर भी बेटी को उसकी गृहस्थी का सभी सामान माता पिता अवश्य देते हैं और यह रीत सदियों से चली आ रही है। अपनी सामर्थ्य के अनुसार मायके वाले अपनी बेटी को गृहस्थी का सभी सामान देते हैं।

मायके में सब यही चाहते हैं कि उनकी बेटी को गृहस्थी का कोई भी सामान किसी दूसरे से लेने की आवश्यकता ना पड़े, इसलिए वे अपनी बेटी को उपहार के रुप में सारा सामान देने का प्रयास करते हैं और लगभग दे भी देते हैं। कुछ ससुराल वाले अपनी बहू का लाया दहेज अपनी बेटी को उसकी शादी में दे देते हैं और विरोध किए जाने पर कहते हैं कि हमारी बहू का सामान हमारा ही तो है। अब हम इसका जो चाहे करें, बहू कुछ नहीं कहेगी। हमारी दृष्टि में यह बात बहुत ग़लत है क्योंकि अपनी बेटी को उसके माता पिता उसकी पसंद का सामान देते हैं। वो सामान बेटी के माता पिता का आशीर्वाद होता है जिसे जीवन भर बेटी अपने सीने से लगाए रखती है। यदि वही सामान बेटी से छीन लिया जाए तब उसे कितना दुख होगा कभी किसी ने सोचा है ?

कुछ ससुराल में तो यहाँ तक देखा गया है कि वह अपनी बेटी का विवाह भी बेटे के विवाह के बाद करते हैं जिससे बहू का सारा सामान उठाकर अपनी बेटी को दे सकें।

कहानी(1)

बहू का सामान दिया ननद को कंचन के साथ उसके ससुराल वालों ने ऐसा ही किया। कंचन अपनी शादी में सारा सामान बहुत उत्तम गुणवत्ता का लाई थी । बहुत प्यार से एक एक सामान उसने अपनी पसंद का खरीदा था। जब कंचन की शादी हुई तब सास ने उसके सामान को पैक का पैक ही रहने दिया। कंचन ने कहा कि उसे उपयोग में लाना है तो सास ने अपने पास रखें पुराने सामान को इस्तेमाल करने के लिए उसे दे दिया। कंचन

की ननद की शादी हुई तो कंचन का सारा सामान जो पहले ही से पैक था सब ननद को दहेज के रूप में दे दिया गया। कंचन को बहुत दुख हुआ। उसके माता-पिता ने मुश्किल से वो सामान कंचन को खरीदकर दिया था। मायके वालों ने सोचा था कि कंचन उस सामान का उपयोग अपनी इच्छा से करेगी परंतु सब उल्टा ही हो गया। कंचन के पति ने भी इस बात का विरोध नहीं किया। उसने कंचन को समझाया कि उसके यहाँ ऐसा ही होता आया है और वह इस बारे में कुछ नहीं कर सकता।

ऐसा आप सबने अपने आसपास होते देखा भी ज़रूर होगा। पर यहाँ मामला ससुराल और मायके का आ जाता है इसलिए कोई बाहरी व्यक्ति कुछ कह भी नहीं सकता।

किस्सा है उत्तर प्रदेश का घर की परम्परा का ढोंग एक ऐसा ही मामला उत्तर प्रदेश के एक छोटे से क्षेत्र का है। जहां संध्या (बदला हुआ नाम) का विवाह तीन वर्ष पूर्व ठाकुर रतनलाल के बेटे रीतेश के साथ हुआ। रीतेश दो बहनें में सबसे बड़ा बेटा था। जब संध्या के पहले पुत्र ने जन्म लिया तब मायके से बहुत सारा सामान संध्या और उसकी ससुराल वालों के लिए आया। पुत्र के लिए सोने की चेन, हाथों में पहनने वाले हीरे जड़ित कड़े , चांदी के ग्यारह बर्तन आदि आए। जो सबकुछ संध्या की सास ने संभालकर अपने पास रख लिया। जब संध्या की ननद की शादी हुई और उसके यहाँ बेटे ने जन्म लिया, तब संध्या का सारा सामान अपनी बेटी यानि संध्या की ननद को दे दिया गया। संध्या ने विरोध किया तो उसे 'घर की परम्परा' का नाम देकर चुप करवा दिया गया। ऐसे ही संध्या के घर से तीज त्योहारों पर जो साड़ियां व मिठाईयां आदि आती थीं वे सब भी संध्या से लेकर उसकी सास, ननदों को भिजवाती रहती थी। कोई भी शादी विवाह का उत्सव हो उसकी ननदें उसके ही सब कपड़े गहने पहनती, पर संध्या अपने पुराने रखें कपड़ों व गहनों से काम चलाती थी। आश्चर्य होता है ऐसे ससुराल को देखकर जिनमें ज़रा भी शर्म-हया नहीं होती । अपने घर की बहू के तन से गहने व कपड़े उतार कर वे लोग किस प्रकार से अपनी बेटी को दे देते हैं? बहू क्या सोचती हैं इस बारे में,, ससुराल वालों को कोई फर्क नहीं पड़ता।

यहीं नहीं ज़रा यह सोचिए कि बहू का पति भी अपने परिवार वालों को कुछ नहीं कहता

जबकि उसकी पत्नी के शरीर से गहने व वस्त्र उतारे जा रहे हैं छीने जा रहे हैं और पति को कोई फर्क नहीं पड़ता क्या कहें अब ऐसी सोच को?

ऐसा भी क्या लोभ जो?*अपनी बेटी को करता प्रेम।
देता उसे सामान छीनकर अपनी बहू से,
बहू का होता नहीं क्या कोई मोल?
बहू के मन में होते
भाव उत्पन्न घृणा के
जो बिल्कुल सही होते हैं
क्या ग़लती इसमें
किसी बहू की?
जब ससुराल वाले ही उसके साथ ऐसा करते हैं?
विरोध करना बहू का सही होगा यहाँ,
पति नहीं देता साथ तो
बहू को लड़ना होगा खुद यहाँ।
ऐसी बहू बेशर्म– बेहया कहलाती हैं
ससुराल की ग़लत बात कर करती जो विरोध
वह बहू बदतमीज़ कहलाती है।
अपने अधिकारों के लिए बहू को लड़ना होगा
दुनिया समझे चाहे कुछ भी,
उसे स्वयं के लिए जीना होगा।

बहू का सामान बहू ही का होता है फिर चाहे वे गहने हो या फिर कपड़े या अन्य सामान। ससुराल वालों को उसका सामान अपनी बेटी को कभी नहीं देना चाहिए।।

नोट : यदि ससुराल वालों को या ननद को अपनी बहू या भाभी का सामान पसंद आ रहा है तो वैसा ही बाजार से खरीद लेना चाहिए परंतु अपने घर की लक्ष्मी का सामान इस प्रकार से बेटी को देना समझदारी नहीं बल्कि निंदनीय है।

विवाह से सम्बंधित

ये कैसी परम्पराएं?

कहते हैं कि कुछ रिवाज़ परिस्थितियों के अनुसार स्वत: बन जाते हैं और कुछ बना लिए जाते हैं। यह निर्भर करता है वहाँ की परिस्थितियों पर....

ऐसे ही कुछ रिवाजों के विषय में हम आपको बताते हैं....

1. आभूषण सबके समान होना

सुनने में बड़ा अटपटा लग रहा है पर यह सच्चाई है। उत्तर प्रदेश में कुछ ग्रामीण क्षेत्रों में आज भी यह परम्परा है कि यदि घर में चार या पांच बहुएं हैं तो सबको सास का ही ज़ेवर विवाह के दौरान शगुन के रुप में दिया जाएगा। यानि की केवल विवाह होने तक पहनने को दिया जायेगा और विवाह के बाद ज़ेवर सास को वापिस कर दिया जायेगा। यदि सास नहीं है तो घर की सबसे बड़ी बहू को ही सास मानकर यह कार्य किया जाएगा।

ऐसे में किसी भी एक बहू का उस आभूषण पर अपना अधिकार नहीं होगा। बहू का अधिकार केवल उस आभूषण पर होगा जो उसे उसके अपने मायके से मिला होगा। परंतु आगे चलकर उसे भी वह आभूषण अपनी पुत्रवधू को दे देना होगा। जैसा कि परम्परा के अनुसार होता आ रहा होगा।

ऐसे में बहू का ससुराल की ओर से कभी भी अलग से कोई आभूषण नहीं होता परम्परा के नाम पर उसे इस अधिकार से वंचित रखा जाता है।

2. एक ही वस्त्र का उपयोग करना:

एक और बात हमारे सुनने में आई है कि कहीं पर तो ऐसा भी होता है कि विवाह के दौरान किसी एक बहू के लिए लहंगा चुनरी आदि सिलवाया गया होगा तो वो ही बारी-बारी से सब बहुओं को शादी के समय पहनने को दिया जाएगा और इसे परम्पराओं के साथ जोड़कर प्रस्तुत किया जाता रहा है। इस वस्त्र को केवल फेरे होने तक पहना जाता है। रात के समय कोई भी वधु इसे पहनकर नहीं सो सकती।

इसका कारण जानने का प्रयास किया गया तो यह तथ्य सामने आया कि कुछ क्षेत्रों

में निर्धनता अधिक होने के कारण ऐसा करना मजबूरी है। इस मजबूरी को परम्परा का नाम दे दिया गया है जिससे कोई इसका विरोध ही ना कर सके।

जो भी हो सारे रीति रिवाज़ घूम फिरकर स्त्रियों के लिए ही बनाए जाते हैं। स्त्रियों द्वारा विरोध कम ही होता है तो जिसके जो मन में आता है उसे परम्परा का नाम देकर स्त्रियों पर थोप दिया जाता है।

वैसे भी आजकल किराए पर दूल्हा दुल्हन के वस्त्र मिलने भी लगे हैं जो अपनी इच्छा व पसंद से लेकर समय पर वापिस कर दिए जाते हैं। अंतर इतना है कि इसे किसी परम्परा का नाम नहीं दिया गया।

कुछ और बातें :

1. आपको बताते हैं फ्रांस में अपनाई जाने वाली परंपरा के बारे में। यहां लड़की वालों को शादी में बचे खाने को टॉयलेट सीट के अंदर डालना होता है। जब खाना सीट के अंदर पूरी तरह से डाल दिया जाता है तब इस सीट को पति-पत्नी के कमरे में रख दिया जाता है। उन्हें जबरदस्ती इस सीट से बचा खाना एक बार निकाल कर खाना होता है। यदि वे ऐसा कर देते हैं तभी उन्हें एक साथ रहने दिया जाता है अन्यथा

ऐसा किए बिना उन्हें अकेला नहीं छोड़ा जाता।

2. हर लड़की अपना मायका छोड़ते समय आंखें नम करती है और घर वाले भी करते हैं। लेकिन चीन में तो तुजीया प्रांत में ऐसी परंपरा है कि वहां दुल्हन शादी से एक महीने पहले ही हर रोज एक घंटे तक रोती है। कई स्थानों पर उसके परिवार वालों को भी साथ में रोना पड़ता है। ऐसी परम्परा है कि ऐसा करने से अर्थात नकली रोना एक तरह से खुशी जताने का तरीका है कि घर की लड़की अब अच्छे नए घर में जाने को तैयार है।

3. केन्या के मसाई मारा नाम के इलाके में पिता अपनी बेटी को अजीब ढंग से विदा करता है। वो उसके मुंह और छाती पर थूकता है। उसके बाद जब लड़की अपने पति के साथ जाने लगती है तो पीछे पलटकर नहीं देखती। अजीब विदाई होती है बेटी की।

4. जर्मनी में शादी के समय दुल्हन का अपहरण किया जाता है। यह भी एक रिवाज है, जो सुनने में बहुत अजीब और बुरा लग रहा है लेकिन यह सच है। इस रस्म में दूल्हे

के दोस्त दुल्हन का अपहरण कर लेते हैं और दूल्हा अपनी दुल्हन को ढूंढता हैं। इन लोगों का ऐसा मानना है कि ऐसा इसलिए किया जाता है कि इससे दूल्हे के सब्र को चेक करते हैं कि दूल्हे में कितनी नियंत्रण शक्ति है।

5. मॉरिटानिया में ये रिवाज है कि जितनी मोटी लड़की होगी उतनी अच्छी मानी जाएगी। इसलिए कई बार तो माता-पिता अपनी बेटियों को 'फैट कैम्प्स' में भेज देते हैं जिससे उनकी बेटी का वज़न बढ़ जाए। कुछ लड़कियों पर इन सबका कोई प्रभाव नहीं पड़ता तो उन्हें ज़बरदस्ती खिलाया जाता है। इससे कुछ की तो तबीयत तक खराब हो जाती है पर किसी को कोई फर्क नहीं पड़ता। यहां के लोगों का मानना है कि उनके रिवाज़ में ऐसा करना ज़रूरी है अन्यथा कुछ अशुभ हो सकता है।

6. अब बात करते हैं बिहार इलाके की यहाँ वधु को सिर पर मिट्टी के बर्तन रखकर पैर छूने होते हैं। ये रिवाज़ बिहार के कई इलाकों में देखने को मिल जाएगा। शादी के बाद सास अपनी बहू के सिर पर मिट्टी के घड़े रखती है और दुल्हन को उन्हें सिर पर रखे हुए ही घर के बड़ों के पैर छूने होते हैं। इस रिवाज के लिए ये माना जाता है कि जितनी अच्छी तरह से दुल्हन सिर पर घड़े रख कर सबके पैर छुएगी उतनी ही अच्छी तरह से वो घर में रच-बस जाएगी।

सोचिए यदि कोई घड़ा टूट गया और बहू यह सब नहीं कर पाई, तब क्या होगा ? बहू के माथे पर जीवन भर के लिए एक कलंक लग जाएगा कि वह घर गृहस्थी नहीं संभाल सकती। यदि बहू ससुराल में सबकुछ अच्छी तरह से कर भी लेगी तब भी कोई ना कोई कमी अवश्य निकाल दी जाएगी।

नोट: और दूसरी महत्वपूर्ण बात,,,, इस बात की क्या गारंटी है कि परम्परा के अनुसार पैर छू लेने पर बहू घर परिवार में अच्छी तरह से घुल-मिल कर रह सकेगी? क्या मालूम आगे चलकर उसके पति या ससुराल वालों से उसकी ना निभ पाए?

एक किस्सा याद आ गया है आप सबके साथ साझा कर रही हूँ।

मेरी एक सहेली है गीतांजलि (बदला हुआ नाम) आज उसके विवाह को लगभग पंद्रह वर्ष हो चुके हैं। सास- ससुर के मरने के बाद ही मैं उससे मिल पाई थी अन्यथा वे अपनी

बहू को किसी से मिलना तो दूर बाहर दरवाज़े तक पर खड़ा नहीं होने देते थे। मुझे याद है जब मैं उसकी शादी में गई थी तब भी उसकी ननद और सास ने उसे घेर रखा था यानि की स्टेज पर किसी ने एक क्षण के लिए भी उसे अकेला नहीं छोड़ा था। सब मेहमानों को यही लगा कि बहुत प्यार करते हैं गीतांजलि के ससुराल वाले उसे। पर बाद में पता चला कि जो भी मुंह दिखाई गीतांजलि को दी गई सब ससुराल वालों ने यह कहकर अपने पास रख ली कि उनके यहां ऐसा ही रिवाज़ है। मायके वालों ने भी यह सोचकर सब दे दिया कि चलो कोई बात नहीं शायद इनके घर में ऐसा ही होता होगा?

शहर के शहर में शादी हुई तो मुझे भी लगा कि कभी भी मिल सकती हूं। पर नहीं.... मेरा सोचना ग़लत था। शादी के बाद गीतांजलि बहुत कम मायके आती जाती थी। उसे किसी भी सहेली से या उसकी तरफ के किसी भी रिश्तेदार से मिलने तक नहीं दिया जाता था। तीज त्यौहार ही पर जब कुछ लेना देना होता था तब वह मायके आती थी और उसके मायके वाले उसकी ससुराल जाते थे। सास गीतांजलि को बहुत बंदिशों में रखती थी। ननद की शादी हो चुकी थी जो अक्सर अपने मायके आती रहती थी। सास अपनी बेटी को बहू का सामान उठाकर देती रहती थी। एक बार भाई दूज पर गीतांजलि का भाई अपनी बहन के लिए चार साड़ियां और कुछ गिफ्ट लाया। गीतांजलि ने चारों साड़ियां अपनी बेटी के ससुराल में भाईदूज के नाम पर भिजवा दी। गीतांजलि ने विरोध किया तो उसे अपनी कुछ पुरानी साड़ियां पकड़ा दी और बोली," बहू हमारे यहां रिवाज़ है कि भाभी का सामान ननद को देने से प्यार- प्रेम बढ़ता है। तू बिल्कुल चिंता मत कर। तुझे दूसरी दिलवा देंगे। " आजतक उसे कभी कुछ नहीं दिलवाया। जब तक सास ससुर रहे गीतांजलि ने घुट-घुट कर जीवन व्यतीत किया क्योंकि पति बाहर नौकरी करता था; सप्ताह में एक दिन आता था अब गीतांजलि उससे क्या अपना दुखड़ा रोएं? वह कर भी क्या सकता था? सास ससुर के मरने के बाद मैं गीतांजलि से मिलने गई तब उसने रो-रोकर अपनी कहानी सुनाई जिसे सुनकर मुझे बहुत बुरा लगा। परम्परा के नाम पर बहुओं के साथ इतना बुरा व्यवहार किया जाता है कि मन करता है सबकुछ बदल कर रख दिया जाए।

इसके बाद भी गीतांजलि की समस्याएं कहाँ खतम होने वाली थीं? ननद ने गीतांजलि और अपने भाई के बीच गलतफहमी पैदा करवा दी जिससे उसका पति उसे तलाक देने को तैयार हो गया। रिश्तेदारों के समझाने पर पता चला कि गीतांजलि की बहन यह सब घर व प्रोपर्टी लेने के चक्कर में कर रही थी। अब ननद ने खुल्लम-खुल्ला घर में से व प्रोपर्टी में से अपना हिस्सा मांगना शुरू कर दिया। इकलौते भाई को बहुत बुरा लगा। उसने घर को बेचकर बहन को पैसे दिए और अपने लिए दूसरा छोटा मकान खरीद लिया और गीतांजलि व बच्चों के साथ वहाँ शिफ्ट हो गया।

नोट : वो परम्परा कभी अच्छी नहीं होती जो किसी का नुक़सान कर दे। लोग परम्परा व रिवाज़ो के नाम पर अपना उल्लू सीधा करते रहते हैं जो सबसे अधिक एक औरत को प्रभावित करता है।

ऐसी परम्परा किस काम की
जो नारी को दुख ही दुख दे?
कर दे जीना मुश्किल उसका
घुटन भरा जीवन जीने को मजबूर कर दे?
काश! होता यह जगत परम्परा रहित
सब रहते निर्भीक होकर
ना होता कोई रिवाज़
ना रहते बेड़ियों में जकड़े

आप कहीं भी घूमने जाएंगे तो वहां की कोई ना कोई परम्परा ऐसी ज़रूर मिल जाएगी जो आप सबको सोचने पर मजबूर कर देगी कि ये सब क्या है?

घर के काम केवल औरत की ज़िम्मेदारी, आखिर क्यों?

आप लोगों ने अक्सर देखा होगा कि घर परिवार के सारे घरेलू काम महिलाओं ही को करने पड़ते हैं या फिर आप यह भी कह सकते हैं कि घरेलू कार्यों की पूरी ज़िम्मेदारी महिलाओं ही की होती है। सोमवार से लेकर अगले सोमवार तक सब काम एक नारी करती है। छुट्टी वाले दिन भी महिलाएं आराम नहीं कर पाती। पति और बच्चों को सैंकड सैटरडे और रविवार की छुट्टी मिल जाती है जिसमें वे सभी आराम करते हैं और आराम से सोकर उठते भी हैं पर एक घरेलू महिला के हिस्से में कोई छुट्टी नहीं आती। उसे प्रतिदिन उठना पड़ता है। नाश्ता , लंच, कपड़े धोना और रात का भोजन, घर की सफाई आदि सब कुछ उसे लगभग प्रतिदिन ही करना पड़ता है। अगर एक दिन भी महिला घर का कोई काम न कर पाए तो घर की हालत इतनी बुरी/खराब हो जाती है कि घर में पैर तक रखने का भी मन नहीं करता।

पर कोई ज़रा पूछे कि ऐसा क्यों होता हैं कि महिला ही को ये सब काम करने होते हैं? पुरुष या पति भी तो घर के कामों में हाथ बटा सकता है? हम यह नहीं कह रहे कि प्रतिदिन पति/पुरुष घर के कामों में हिस्सेदारी दे या घरेलू कार्य करवाए। हमारे कहने का अर्थ है कि कम से कम छुट्टी वाले दिन तो पुरुष करवा ही सकते हैं।

पर हमारी परम्पराओं के अनुसार कुछ घरों में आज भी पुरुषों/बेटों को यही कहा जाता है कि उनका जन्म केवल ऐश करने के लिए हुआ है उन्हें ये सब घरेलू काम नहीं करने चाहिए और ना ही पुरुष यह सब काम करते हुए अच्छे लगते हैं।

काम करती घर का नारी,
थककर चूर हो जाती है।
कोई नहीं देता साथ उसका
नारी बेबस हो जाती है।
खाना पकाना और सेवा करना,

क्या यही काम है नारी का?

अकेली वो ही क्यों संभाले?

जब घर का स्वामी पुरुष कहलाता।

कहने को यह कहा जाता है कि पति-पत्नी रथ के दो पहियों के समान हैं यदि एक में भी खराबी आ गई तो समझो रथ आगे बढ़ेगा नहीं फिर यहां पर केवल एक ही पहिये पर क्यों इतना बोझ डाला जा रहा है? अगर पहिए में खराबी आ गई या उसे कुछ हो गया तो भला वो दूसरा पहिया कैसे चलेगा और रथ आगे किस प्रकार बढ़ेगा?

टॉयलेट व बाथरूम की सफाई:

हम सब जानते हैं कि टॉयलेट व बाथरूम का उपयोग हम किस प्रकार से करते हैं।

अक्सर सभी के घरों में इन दोनों स्थानों का इस्तेमाल किया जाता है। हां पहले समय में ग्रामीण क्षेत्रों में ग्रामीणों द्वारा बाहर जंगलों में शोच के लिए जाया जाता था पर आजकल घर- घर में टॉयलेट बन चुके हैं और सभी इसका इस्तेमाल भी करते हैं।

हम बात कर रहे हैं एक महिला द्वारा किए जाने वाले घर परिवार के कामों की तो अब बात करते हें टॉयलेट व बाथरूम की सफाई की। एक महिला जहाँ घर की साज- सज्जा करती है वहीं उसे इन दोनों की सफाई का भी पूरा- पूरा ध्यान रखना पड़ता है।

पर इनकी सफाई एक महिला ही क्यों करें?

क्या टॉयलेट केवल महिला ही इस्तेमाल करती हैं?

पति या घर का अन्य पुरुष नहीं करता क्या इनका इस्तेमाल?

हमने देखा है कि बहुत ही कम ऐसे परिवार हैं जहाँ पति- पत्नी मिलकर इन जगहों को साफ करते हैं अन्यथा महिला ही पर इन स्थानों को साफ करने की पूरी ज़िम्मेदारी होती है। इसकै अतिरिक्त वॉश बेसिन, किचन का बेसिन , घर के चप्पल जूते सब एक पत्नी या घर की महिला ही साफ करती है। कोई रिश्ते नाते वाला भी अगर आएगा तो टॉयलेट व वॉशरूम को देखकर अंदाज़ा लगा लेगा कि घर की महिला सफाई पसंद है या नहीं? ऐसा क्यों ?

एक बहुत महत्वपूर्ण बात आपको बताते हैं

यदि घर में कोई महिला नहीं रहती और पुरुष ही रहता है तब वहां के गंदे टॉयलेट वॉशरूम को देखकर यही कहा जाएगा कि

क्या करें बेचारा अभी कुंवारा है, पत्नी तो है नहीं इसलिए घर की साफ सफाई नहीं हो पाती?

समाज ने एक ऐसी घटिया सोच बनाई हुई है जिसका शिकार सदियों से एक स्त्री ही होती आई है और आज भी हो रही है। महिला है तो घर की सफाई होगी यदि नहीं है तो क्या करें पुरुष बेचारा?

एक अविवाहित पुरुष जो अकेला रहता है उसके पास टैलीविजन देखने का समय है, अपने लिए चाय नाश्ता बनाने का समय है पर क्या वह घर की सफाई के लिए समय नहीं निकाल सकता? वह कर सकता है पर उसे यह डर रहता है कि समाज में लोग क्या कहेंगे क्योंकि पुरुष का जन्म तो ऐश करने के लिए हुआ है; पत्नी आएगी घर की सफाई वह स्वयं करेगी और वह ठाट से रहेगा। हम यहां हर पुरुष की बात नहीं कर रहे क्योंकि आज भी कुछ पुरुष ऐसे हैं जो बिना पत्नी के अपने घर परिवार को संभाल रहे हैं और साथ ही साफ सफाई का भी ध्यान रखते हैं पर फिर भी ऐसे पुरुषों की संख्या कम है। अधिकतर वही पुरुष हैं जो साफ सफाई के मामले में अपनी पत्नी या घर की महिला पर निर्भर हैं।

पीकदान साफ करना :

जिन घरों में पान खाया जाता है, वहाँ पान की पीक थूकने के लिए एक बर्तन रखा जाता है जिसमें पुरुष , महिलाएं या घर के मेहमान पान की पीक थूकते रहते हैं और सबसे बड़ी बात जिन घरों में नौकर या नौकरानी हैं वहाँ उस बर्तन को, जिसे पीकदान कहा जाता है, धो देते हैं परन्तु जहाँ पर नौकर नहीं हैं, वहाँ घर की महिलाओं को पीकदान धोना पड़ता है। जबकि यह काम पुरुष भी कर सकता है पर पुरुष नहीं करता या कह सकते हैं कि करना नहीं चाहता। हां , जिस घर में पुरुष ही पुरुष रहते होंगे; वहाँ पुरुष ही इसे साफ कर पाता होगा? या दिखावे के लिए हल्का सा धो देता होगा क्योंकि किसी को तो साफ करना ही होगा। जिस कमरे में केवल एक पुरुष ही रहता है वह भी केवल औपचारिकता के तौर पर यह सब काम करेगा और महिला के आते ही पुरुष अपने हाथ पीछे खींच लेगा।

अर्थात औरत को देखते ही या औरत की उपस्थिति में साफ–सफाई की ज़िम्मेदारी औरत के सिर पर आ जाती है। कहने का अर्थ यही है कि महिला ही की ज़िम्मेदारी है टॉयलेट, बाथरूम, पीकदान घर की नालियां आदि साफ करना।

महिलाओं को समझा जाता कामवाली,
घर का सारा काम करना उनकी ज़िम्मेदारी।
गाय बैल समझकर करवाते उससे काम
आराम के नाम पर मिलते ताने बेशुमार
क्या करती हो सारा दिन यही बात कही जाती,
क्या करती हो घर में रहकर सवालों की झड़ी लगाई जाती।
बहुत काम रहते हैं घर में पुरुष तुम जानते हो
जानबूझकर स्वीकार ये सब तुम नहीं कर पाते हो।

कहानी (1)

मैं भी इंसान हूँ

नीता सवेरे जल्दी उठ जाती थी और घर के लगभग सभी काम निपटाने की कोशिश करती थी पर सास–ससुर को फिर भी नीता से शिकायत रहती थी। दो छोटे बच्चे थे, पति रजनीश एक प्राइवेट कंपनी में सुपरवाइजर के पद पर कार्यरत था। कहने को नीता, दो बच्चे रजनीश और सास– ससुर ही घर में थे। कमी कुछ नहीं थी , बस नीता को अकेले ही घर का पूरा काम करना पड़ता था। सास – ससुर बैठकर हुक्म चलाते थे और रजनीश भी आफिस से आकर ठाठ से बैठ जाता था। इसके पश्चात वह टीवी देखता था, ना बच्चों को संभालता था , ना ही नीता की कोई मदद करता था।

नीता ने कई बार रजनीश से कहा कि बच्चे बहुत छोटे हैं; कम से कम उन्हें संभाल लिया करो। पर सास कहती, " क्यों संभाले? मेरा बेटा थककर आया है उसे आराम करने दे। तू खुद कर , वैसे भी तेरी ज़िम्मेदारी है घर संभालना।" नीता मन मारकर रह जाती और कोल्हू की बैल की तरह सुबह से शाम तक घर के कामों में व्यस्त रहती। एक दिन जेठ व जेठानी घर पर मिलने आए, तब सास –ससुर उनके पास बैठकर बातें करने लगे

और नीता को ज़रा भी फुर्सत नहीं मिली कि दो घड़ी पास बैठकर ढंग से हाल चाल ही पूछ ले। कभी नाश्ता तो कभी बर्तन धोना, कभी दोपहर का भोजन, कभी शाम की चाय इसी में पूरा दिन निकल गया ऊपर से बच्चों को देखना। शाम को रजनीश आया तो सास ने शिकायत कर दी कि," आज तेरा बड़ा भाई भाभी आए थे पर नीता ने उनसे बात तक नहीं की।" रजनीश ने नीता से पूछा तो नीता ने बताया कि, "काम में फुर्सत ही नहीं मिली।"

रजनीश ने नीता की परेशानी को समझें बिना दो तीन बातें उसे सुना दी। नीता को बहुत गुस्सा आया और दुख भी हुआ पर वह क्या कर सकती थी? काम में निरंतर लगे रहने से एक दिन नीता काफी बीमार हो गई और उसके सैल्स काफी डाऊन चले गए। तब उसे अस्पताल में भर्ती करवाना पड़ा। पंद्रह दिन तक बैड रैस्ट बोला। उस दौरान सास और ससुर, रजनीश ने मिलकर घर का काम किया और उन्हें यह बात समझ में आ गई कि नीता की यह हालत काम के अत्यधिक बोझ के कारण हुई है। बड़ी जल्दी उन लोगों को घर के कामों का पता चल गया कि कितना मुश्किल होता है घरेलू कामों को अकेले कर पाना। डाक्टर ने नीता को पूरा आराम करने की सलाह दी। जब नीता ठीक होकर घर आई तब उसने कहा ," मैं भी एक इंसान हूँ और जिस तरह आप लोगों को तकलीफ़ होती है मुझे भी दर्द होता है। मेरा शरीर भी टूटता है पर मैं फिर भी कुछ नहीं कहती और दिन- रात काम में लगी रहती हूँ।" चलो मान लिया कि यहाँ तो सास- ससुर और पति को बात समझ में आ गई पर ऐसे कितने परिवार होंगे जो इस बात को समझेंगे या समझना चाहेंगे? सबको यही लगता है कि बहू घर की फ्री में मिली नौकरानी है जिससे जितना काम करवाना है करवा लो और बदले में खाना, कपड़े दे दो।

क्यूं समझते बहू को नौकरानी?
क्या वह ससुराल में इसीलिए आई है?
उसे भी अधिकार है जीने का,
क्या नौकरानी बन वह ससुराल आई है?
इंसान समझो उसको तुम
वह भी तुम्हारे जैसी ही है।

उसको भी हक है जीने का
किसी की वह गुलाम नहीं है।

कहानी(2)

जोरू का गुलाम

मेरा जन्म ऐश करने के लिए हुआ है (पुरुष की सोच) मैं क्यों बीवी की गुलामी करूं? ऐसी मानसिकता वाले पुरुष कभी आगे नहीं बढ़ सकते, ना ही अपने घर परिवार को खुश रख सकते हैं। जो पति अपनी पत्नी की घर के कामों में मदद करते हैं या करना चाहते हैं उन्हें परिवार के सदस्य या तो करने नहीं देते या फिर कटाक्ष करते रहते हैं।

मीता की शादी एक संयुक्त परिवार में हुई थी पति और जेठजी की एक साथ ही बड़ी सी परचून की दुकान थी जो कि घर के बाहर ही थी। ससुराल में सास ससुर,जेठ जेठानी, एक ननद थे । ननद पढ़ती थी। मीता घर का सारा काम करती थी और जेठानी की भी पूरी मदद करवाती थी। सास के ही नियंत्रण में पूरा घर था। मीता का पति बहुत अच्छा इंसान था, वह मीता को काम करते देखता तो कभी कभार लंच समय में उसकी मदद कर दिया करता था । यह बात सास को अच्छी नहीं लगती थी। वह ननद को कहती कि" देख तेरा भाई कैसे जोरू का गुलाम बना फिरता है और अपनी पत्नी की कैसे काम में मदद कर रहा है।"ननद भी भाई को जोरू का गुलाम कहने लगी थी। जेठ जी अपनी पत्नी के साथ कोई काम नहीं करवाते थे इसलिए उनके बारे में कहा जाता था कि इसने अपनी पत्नी को मुट्ठी में कर रखा है और छोटे को देखो कैसे दुम हिलाता पत्नी के पीछे पीछे घूमता रहता है।

अब यहाँ प्रश्न फिर वही आता है कि यदि पति अपनी पत्नी की किसी घरेलू काम में थोड़ी सी भी मदद कर देता है तो क्या बुराई है? यदि पत्नी बीमार हो जाए तब क्या बाहर से घर का काम करने कोई दूसरा व्यक्ति आएगा ?

बीमारी में सहायक :

जब पति बीमार होता है तो पत्नी घर व बाहर दोनों ही जगहों के काम करती है और वह हिम्मत भी दिखाती है। घर, परिवार बच्चों को भी संभालती है परंतु यदि पत्नी बीमार

हो जाए तो बहुत कम ऐसा होता है कि पति मदद करें क्योंकि या तो उनका अहम आड़े आ जाता है या फिर उनका परिवार उन्हें पत्नी की सहायता करने से रोक देता है। क्यों? क्या घर अकेली पत्नी का है? या बच्चों की ज़िम्मेदारी भी केवल एक पत्नी ही की है? मेहमान आ जाएं तो क्या पत्नी ही उनको संभालेंगी पति नहीं?

एक और किस्सा लेते हैं जिसमें पति द्वारा पत्नी की सहायता कर देने पर ससुराल वाले पति को यानि की घर के बेटे को भला बुरा कहने लगते हैं।

कहानी (3)

क्या पत्नी को ही मिला घर के कामों का लाइसेंस?

सुजाता की नई नई शादी हुई थी और उसने सुहागरात पर ही अपने पति दीपक को साफ–साफ कह दिया था कि हम दोनों एक दूसरे को पूरी तरह से सहयोग करेंगे चाहे वे घर के काम हों या फिर बाहर के। दोनों नौकरी करते थे। एक महीने बाद दोनों अपने–अपने काम पर लौट आए। सुजाता शाम को दीपक के ही साथ आफिस से थकी हारी घर आती। सास और ननद दोनों सुजाता के इंतजा़र में बैठी रहती कि सुजाता आफिस से आकर उन्हें शाम की चाय बनाकर पिलाएं। दीपक और सुजाता दोनों फ्रेश होकर थोड़ी देर परिवार के पास बैठते तो सास कहती,"बहू चाय पिला दो।" सुजाता कहती कि ,"मांझी! मैं भी थककर आई हूँ आप आशा (ननद) से कहीए कि वो शाम की चाय हम सबको पिला दे।" इस बात पर सास नाराज़ हो जाती और अपने पैर पटकती अपने कमरे में चली जाती। एक दिन सुजाता के सिर में दर्द था दीपक किचन में गया और सबके लिए चाय बनाकर ले आया। यही बात बड़ा मुद्दा बन गई और दूर खानदान तक पहुंच गई कि दीपक सुजाता का ज़ोरू का गुलाम है।

ऐसा क्यों? क्या पत्नी को ही पति की सेवा करने का लाइसेंस मिला है, पति को नहीं?

जबकि शादी के समय जब फेरे लिए जाते हैं और सब कसमें वादे रिश्तेदारों के सामने किए जाते हैं तब क्या वे सब ढोंग होता है या एक दिखावा? पत्नी की थोड़ी बहुत मदद कर देने से पति गुलाम नहीं हो जाता बल्कि इससे पत्नी के मन में पति का सम्मान और अधिक

बढ़ जाता है क्योंकि पत्नी को लगने लगता है कि उसका पति उसकी फ़िक्र करता है और उसे प्रेम करता है। पत्नी और पति के बीच कोई भी नौकर या मालिक नहीं होता। दोनों एक परिवार के सदस्य हैं जिसे दोनों को मिलकर आगे बढ़ाना है।

नोट : जोरु का गुलाम अगर एक पुरुष को कहा जाता है तो उसकी पत्नी को भी तो नौकरानी समझकर काम करवाया जाता है तब कोई आपत्ति क्यों नहीं की जाती? कहीं पर स्थिति इतनी विकराल रुप धारण कर लेती है कि ससुराल वाले बहू को नौकरानी से भी बुरी दशा में रखते हैं। बाहर से कोई भी आयेगा तो उसे नौकरानी ही समझेगा। आप सबने पुरानी ऐसी कई फिल्में भी देखी होंगी जिसमें पति स्वयं अपनी गर्लफ्रेंड के सामने अपनी पत्नी को नौकरानी बताकर परिचय करवाता है।

सुनने में बहुत बुरा लगता है। पर वास्तव में एक लड़की की शादी इसलिए नहीं की जाती कि वह ससुराल में जाकर नौकरानी बन जाए? या नौकरानी समझी जाए?

पति पत्नी दोनों घर के मालिक हैं और ज़िंदगी भर साथ रहने वाले हैं। मिलकर काम कर लेने से कोई जोरू का गुलाम या नौकर /नौकरानी नहीं बन जाएगा।

रिश्ता सात जन्मों का
ऐसे ही नहीं कहा जाता।
पति संग पत्नी और
पत्नी संग पति का जन्मों का नाता।
दोनों पूरक एक दूसरे के
दोनों को पीड़ा समझनी है।
एक साथ जीवन गुज़ार कर
घर परिवार की परवरिश
एक साथ दोनों को मिलकर करनी है।।

शादी के बाद बलात्कार

(शारीरिक व मानसिक पीड़ा)

विवाह हमारे जीवन का सबसे खूबसूरत अहसास है; जो हर किसी के मन में गुदगुदी उत्पन्न कर देता है। अच्छा जीवन साथी मिलना बहुत मुश्किल है परंतु यहां पर हमारे कहने का तात्पर्य अच्छा जीवन साथी वो नहीं जो देखने में बहुत सुंदर हो, अमीर हो, बहुत धनवान व्यक्ति हो, जिसके पास कार, शोहरत आदि हो बल्कि हम समझते कि अच्छा जीवन साथी वो है जो अपने साथी की परेशानियों को झट से पहचान ले और उसे शारीरिक व मानसिक पीड़ाओं से मुक्ति दिलाएं।

विवाह का अर्थ क्या केवल सैक्स है?

बहुत से पुरुष शादी के तुरंत बाद ही अपनी पत्नी के साथ सैक्स से सम्बंधित बुरा व्यवहार करना आरंभ कर देते हैं। वे यह बिल्कुल भी नहीं सोचते कि इससे जहां पत्नी को शारीरिक व मानसिक पीड़ा होगी वहीं उसके मन में शादी को लेकर एक भय भी उत्पन्न हो जाएगा। पति और पत्नी दोनों के लिए सैक्स महत्वपूर्ण है परंतु ज़बरदस्ती या बिना इच्छा यह सब करना बहुत कष्टकारी लगता है और जीवन नरक जैसा लगने लगता है।

काफी पहले की बात है। जब मैं कॉलेज में थी और पत्र पत्रिकाओं व समाचारपत्र पढ़ना मेरी रूचि में शामिल था। ऐसे ही एक दिन मेरी निगाह समाचार-पत्र में प्रकाशित एक ऐसी खबर पर जाकर रुक गई जो इसी विषय से सम्बंधित थी। खबर थी "पत्नी ने पति पर लगाया बलात्कार का इल्ज़ाम" यह सुनकर बड़ा अटपटा सा लगा कि पति-पत्नी के बीच सैक्स एक बलात्कार ?, पर वे दोनों तो पति-पत्नी हैं और समाज के सामने दोनों एक दूसरे के साथ विवाह के बंधन में बंधे हैं फिर ऐसी बात? यह शब्द तो पति-पत्नी के बीच कभी आना ही नहीं चाहिए। पर जब आगे की पूरी खबर पढ़ी तो होश उड़ गए। आगे यही लिखा था कि पत्नी ने अपने पति के विरुद्ध शिकायत दर्ज करवाई है कि उसका पति उसके साथ पशुओं की तरह सैक्स करता है। उसे बहुत तकलीफ़ देता है। ऐसा लगता है मानो वह प्यार नहीं कर रहा हो बल्कि बलात्कार कर रहा हो। उस महिला की बातों में एक ऐसा

दर्द व पीड़ा छुपी हुई थी जो आज भी यदा–कदा कुछ पत्नियां झेल रही होंगी। जिनकी खबर छप गई उन्हें दुनिया जान गई और कुछ घर की चार दीवारी में ही कैद होकर रह गई।

इस खबर के बाद समय समय पर ऐसी कई खबरें और मेरे सामने आती गईं जिनको सुनकर व पढ़कर बहुत क्रोध आया; साथ ही महिलाओं के प्रति उन बेड़ियों का आभास भी हुआ जो उन्हें इस तरह के रिश्ते में जबरदस्ती बांधकर रखती हैं और बेबस करती हैं कि ना चाहते हुए भी वे पत्नियां वो सब बर्दाश्त करें क्योंकि अब वे शादीशुदा महिलाएं हैं और वहीं उन्हें करना है जो उनका पति परमेश्वर चाहेगा।

एक दिन अचानक एक महिला से मेरी भेंट हुई। यह संयोग ही था कि हम दोनों एक साथ, एक ही ओटो में बैठे हुए थे। उसकी हालत देखने में अच्छी नहीं लग रही थी वह काफी कमज़ोर सी दिख रही थी। मैंने उस महिला से उसकी तबीयत जाननी चाही तो बातों बातों में उसने बताया कि वह महिला चिकित्सक के पास जा रही है क्योंकि उसका पति उसके साथ जानवरों की तरह सैक्स करता है और उसके नीचे के भाग में काफी कट लग चुकें हैं जिसमें से रक्त बह रहा है और अत्यंत पीड़ा हो रही है। मुझे समझते देर नहीं लगी कि यह केस उसी तरह का है जो समाचारपत्र में मैंने कभी पढ़ा था। इतनी बुरी तरह से सैक्स सम्बन्ध बनाना कहां की इंसानियत है?

माना पति है पर इसका अर्थ यह बिल्कुल नहीं कि पत्नी के साथ वह बहुत बुरी तरह से सैक्स करें? अरे सैक्स पति–पत्नी दोनों को खुशी देने वाला होना चाहिए; ना कि पति को खुशी और पत्नी को दुख दे?

डरती सहमी कमरे में आती नारी
एक खौफ चेहरे पर उसके झलकता हुआ
ऐसा क्या कारण कि
अपने पति ही से खौफ?
स्पष्ट रूप से उसकी
आंखों में देखा जा सकता था

फिर वही रात...
वही बिस्तर...
वही राक्षस ....
जो कहने को पति है उसका पर
राक्षस रुप में ...
आज भी होगा वही सब उसके साथ
जो रोज़ होता आ रहा है।
कहने को समाज ने उसे
उसका पति घोषित किया है पर
जल्लाद किस्म का इंसान है वो
हर रात उसके शरीर को
कुत्ते की तरह नोचता है।
शराब पीकर हर रात ,,,
उसका अपमान करता है।
पत्नी कह नहीं पाती किसी से कुछ भी
क्योंकि समाज ने उसके पति को
अधिकार जो दिया है
उसके शरीर पर अपने निशान छोड़ने का
अधिकार जताने का।
परेशान करने व मनमानी करने का।
सात फेरो में नहीं कहा जाता कि
पत्नी के साथ दुर्व्यवहार करो
नहीं कहा जाता कि
पत्नी का अपमान करो*
नहीं कहा जाता कि

गंदे ढंग से सैक्स करो।
पति परमेश्वर यदि है तो
उसकी खुशियों का दाता भी है।
उसके आंसूओं के लिए
एक रुमाल भी है।
किस प्रकार एक पति अपनी पत्नी को
प्रताड़ित कर खुश हो सकता है?
कैसे उसका बलात्कार कर सकता है?
पर पति को तो जैसे प्रमाणपत्र मिल जाता है
पत्नी पर अत्याचार करने का।
ऐसा विवाह किस काम का जो
ऐसे पीड़ादायक रिश्ते को जन्म दे।

शादी चाहे किसी भी धर्म में हो या किसी भी धर्म की हो परन्तु पति पत्नी का रिश्ता एक दम साफ़ होना चाहिए। सैक्स के मामले में दोनों को एक दूसरे का ख्याल रखना चाहिए। याद रखें कि शादी के बाद जिस प्रकार एक पुरुष के जीवन में सेक्स महत्वपूर्ण होता है वहीं एक स्त्री भी इससे अछूती नहीं रहती।

कहानी : ये कैसा प्रेम

राधिका और विनोद एक ही कालेज में पढ़ते थे। दोनों ने एक दूसरे को पसंद कर लिया और विवाह भी हो गया परंतु शादी से पहले और शादी के बाद में काफी अंतर होता है। राधिका की ससुराल अच्छी थी और राधिका को किसी से कोई शिकायत नहीं थी सिवाए विनोद के। वो ही विनोद जिससे उसने कभी प्रेम विवाह किया था। शादी के एक दो महीने तो सब ठीक चलता रहा। परंतु अब कुछ महीनों से विनोद राधिका को शारीरिक रुप से बहुत परेशान करता था क्योंकि वह राधिका के साथ सम्बन्ध बनाते समय केवल अपने विषय में ही सोचता था। उसे राधिका की पसंद, नापसंद, रुचि आदि से कोई मतलब नहीं रह गया था। राधिका ने कई बार विनोद से कहा कि उसे यह सब अच्छा नहीं लगता पर

विनोद कह देता कि उसे तो अच्छा लगता है। शादी इसीलिए तो की गई है, इसमें पत्नी की रुचि अरुचि का सवाल ही पैदा नहीं होता। यह सब सुनकर राधिका को एक झटका सा लगा और उसने विनोद से कहा,"ये कैसा प्रेम? जिसमें तुम मेरी भावनाओं की कद्र तक नहीं करते ?"

विनोद ने कहा, ' "मुझे सैक्स करना बहुत अच्छा लगता है और मैं इसके बिना रह नहीं सकता।" '

राधिका ने कहा,"तुमने पहले क्यों नहीं बताया?"

"फिर तुम मुझसे शादी करने से इंकार कर सकती थीं।" विनोद ने मुस्कुराते हुए कहा।

राधिका को बहुत गुस्सा आया पर वह अब कर ही क्या सकती थी?

विनोद की प्रतिदिन सैक्स की चाहत बढ़ती ही जा रही थी। वह कभी यह नहीं सोचता था कि राधिका इसके लिए तैयार है भी या नहीं? उसे केवल अपनी इच्छा का ध्यान रहता था। एक दिन राधिका को महावारी हो रही थी। उसने पेट में काफी दर्द हो रहा था। सास ने भी कोई विशेष ध्यान नहीं दिया क्योंकि विनोद किसी की भी नहीं सुनता था। पर सास विनोद को समझा सकती थी पर उसने ऐसा नहीं किया और अपने कमरे में चली गई।

राधिका ने विनोद से बहुत प्रार्थना की कि आज वह उसका साथ नहीं दे पाएगी परंतु विनोद ने उसकी एक नहीं सुनी और गुस्से में उसे एक थप्पड़ जड़ दिया। अब विनोद ने एक गिलास में शराब डाली और पी गया। इसके बाद उसने राधिका के साथ जानवरों वाला व्यवहार किया। वह चीखती चिल्लाती रही; पर विनोद को जो करना था वह करता रहा। विनोद ने पति- पत्नी के रिश्ते को कलंकित करते हुए राधिका के साथ बहुत ही बुरे ढंग से सैक्स किया। जिससे राधिका तड़प कर रह गई और उसे विनोद और शादी से चिढ़ हो गई।

आज राधिका को अपने फैसले पर बहुत दुख हो रहा था कि उसने एक ऐसे गलत व्यक्ति को जीवन साथी के रुप में चुन लिया था जिसे उसका केवल शरीर अच्छा लगता था। जो केवल हवस का पुजारी था।

राधिका शिक्षित थी। करने को बहुत कुछ कर सकती थी फिर भी उसने बहुत प्रयास किया कि सब ठीक हो जाए। उसका प्यार ठीक हो जाए। विनोद के परिवार वालों ने राधिका का साथ नहीं दिया। जिससे विनोद की ज्यादतियां निरंतर बढ़ती ही चली गई।

इस बीच दो बार राधिका गर्भवती भी हुई पर विनोद ने अपने मज़े के लिए उसका गर्भपात करवा दिया। अब राधिका को यह सब ज़हर लग रहा था। वह इस बंधन से मुक्त होना चाहती थी। ऐसे में राधिका ने एक दिन महिला पुलिस स्टेशन जाकर रिपोर्ट लिखवा दी । पुलिस ने राधिका को मेडिकल चैकअप के लिए भेज दिया और विनोद व उसके परिवार को पकड़कर जेल में डाल दिया। विनोद ने राधिका से बहुत मिन्नतें की। उसने कहा कि अब वह ऐसा नहीं करेगा प्लीज़ उसे छोड़कर वह कहीं नहीं जाएं। पर राधिका ने विनोद के साथ रहने से साफ मना कर दिया । वह वापिस अपने मायके आ गई हमेशा के लिए।

समय रहते राधिका को तो समझ में आ गया और उसके मायके वालों ने भी उसका साथ दिया जबकि उसने प्रेम विवाह किया था । परंतु हमारे आस पास ऐसी कितनी राधिका होंगी जो इस प्रकार की समस्याओं से जूझ रही होंगी पर उनका साथ देने के लिए कोई भी नहीं है।

नोट : प्रेम विवाह का मतलब ही यह होता है कि सबकुछ पहले से एक दूसरे के बारे में जान लेना। फिर यहां विनोद ने राधिका से झूठ बोलकर शादी की और उसकी भावनाओं को भी नहीं समझा। विनोद की मां ने एक महिला होकर राधिका की पीड़ा नहीं समझी और उसका साथ नहीं दिया। पति-पत्नी को एक दूसरे का साथ देते हुए ही यह सब करना चाहिए। ज़बरदस्ती सैक्स करना जहां एक औरत को तोड़कर रख देता है वहीं पति द्वारा जबरन व्यवहार उसे बलात्कारी पुरुष की श्रेणी में लाकर खड़ा कर देता है।

शादी का अर्थ ही यह होता है कि एक दूसरे की भावनाओं को समझकर उनका सहारा बने और उन्हें शारीरिक व मानसिक पीड़ाओं से मुक्त करें।

विवाह सैक्स नहीं बल्कि पवित्र बंधन है,
जो मिलाता है दो लोगों को।

जो मिलाता है दो आत्माओं को।
जो एक दूसरे का ख्याल रखना सिखाता है।
एक दूसरे को सहारा देना सिखाता है।
एक दूसरे की भावनाओं की कद्र करना सिखाता है।।

खाने की मलिका या रसोई में कैद करने की साज़िश ?

(सफर रसोई से शुरू रसोई पर खत्म)
रात गुज़रती फिर हो जाती सवेर,
प्रतिदिन की यही कहानी है।
गृहणी का रिश्ता पुराना रसोई से,
गृहणी ही रसोई की महारानी है।
ऐसी महारानी किस काम की?
जिसका जीवन ही सीमित हो रसोई तक।
व्यंजन और पकवान बनाती हो,
रहती हो सिमटी रसोई तक।
शादी, विवाह हो या हो फिर कोई उत्सव
गृहणी ही से सजती हर रसोई है
पारिवारिक सदस्यों की फरमाइशें करती पूरी
गृहणी ही रसोई की महारानी है।।

यहां महारानी कहने से तात्पर्य एक ऐसी औरत से है जिसका सम्पूर्ण जीवन घर के कामकाज व रसोई में विभिन्न प्रकार के खाद्य पदार्थ पकाने में व्यतीत हो जाता है। ऐसे में यदि उसे रसोई की महारानी कहें तो कोई आश्चर्य की बात नहीं होगी। फिल्मों व धारावाहिकों में भी अधिकतर महिलाओं को रसोईघर में ही दिखाया जाता है। सास बहू के ड्रामें से तो आप सभी परिचित होंगे ही।इसके अतिरिक्त वास्तव में भी ऐसा ही है घर में तरह तरह के पकवान, व्यंजन पत्नी/महिलाओं से पकवाना और मेहमानों/ रिश्तेदारों को बुलाकर दावतें उड़ाना, पत्नी के पकाएं भोजन की प्रशंसा करना और चालाकी से उन्हें रसोई घर में कैद कर देना; स्त्री को रसोई तक सीमित रखने का मंत्र है। जो बार- बार एक औरत को यह अहसास कराता है कि उसका जीवन रसोई से शुरू होकर रसोई तक

ही सिमटकर रह जाता है।

केवल यही नहीं बल्कि पुरूषों द्वारा घर की महिलाओं को तीज त्योहार व उत्सव आदि पर साड़ी, गहने, आभूषण, शृंगार प्रसाधन आदि देकर प्रभावित करते रहना और घर व प्रोपर्टी के मामलों से दूर रखना; जिससे कि औरत घरेलू जायदाद में कोई दखल अंदाजी. ना कर पाए।

पत्नी या घर की किसी भी महिला की प्रशंसा यह कहकर करना कि "तुम तो किचन की मलिका हो।" एक स्त्री को जहां बहुत खुशी देता है वहीं उसे किचन तक समेटकर रखने का सबसे बड़ा हथियार भी है, यही हथियार पुरुष वर्ग इस्तेमाल में लाते हैं। घर गृहस्थी में कई प्रकार के कार्य होते हैं केवल भोजन पकाना ही नहीं होता बल्कि और भी कई काम होते हैं जो स्त्रियों को करने पड़ते हैं

कुछ घराने अमीर होते हैं तो वहां घर में झाड़ू, बर्तन आदि के लिए कामवाली बाई रखी हुई होती है परंतु ऐसा हर घर में तो संभव नहीं हो सकता ना । यहां तक की जो महिलाएं नौकरी करती हैं उनके यहां भी कामवाली बाई होती है परंतु भोजन आदि स्वयं महिला ही को देखना व बनाना पड़ता है। छुट्टी वाले दिन भी नौकरीपेशा महिलाएं रसोईघर में मिल जाएगीं।

रसोईघर के काम की बात आने पर नारी की मदद कोई भी नहीं करना चाहता जबकि यह काम कोई सरल काम नहीं है। सब उससे कन्नी काटते रहते हैं। साधारण खाना बनाना हो या कुछ स्पेशल/विशेष बनाना हो; समय दोनों ही में लगता है। पार्टी, मेहमान नवाज़ी के लिए जो चीज़े, व्यंजन बनाएं जाते हैं उनमें घंटों लग जाते हैं। एक औरत/ गृहणी का रसोई में लगभग 6 से 8 घंटे का समय गुज़रता है। कभी कभी यह समय बढ़कर 9 से 10 घंटे भी हो जाता है ; जब घर में कोई गेस्ट या रिश्तेदार आने वाला हो तब।

सुबह का नाश्ता, दोपहर का लंच, शाम का स्नैक, और रात का डिनर। इसके अतिरिक्त यदि रात में डिनर के बाद भी कभी कभी घर का सदस्य कुछ फरमाइश कर दें तो आधा, एक घंटा और हम मान लेते हैं।

मेरी सहेली शालू ने मुझे खुद यह बात बताई है कि उसकी ननद उसके खाने की बहुत

तारीफ करती है , इसका कारण यही है कि ननद को खाना ना पकाना पड़े। जब भी शालू की ननद अपने बच्चों के साथ मायके आती है, शालू से कहती हैं कि," भाभी आप बहुत स्वादिष्ट खाना पकाती हो आज छोले-चावल/राजमा,सांभर बनाकर खिला दो, या आइसक्रीम शेक आदि बनाकर पिला दो।" देखा जाए तो यह नारी द्वारा नारी से काम कराए जाने की एक ट्रिक है। जेठानी अपनी देवरानी से खाना पकवाना पसंद करेगी और सास अपनी बहू से। पति अपनी पत्नी पर हुक्म चलाएगा। यह सब बातें एक औरत को रसोईघर से बांधे रखने में बहुत बड़ा किरदार अदा करती हैं।

रसोई में सिर्फ महिलाएं ही क्यों पसंद की जाती है?

कहते हैं समय बदल रहा है; क्या आपको भी ऐसा ही लगता है? हमें तो ऐसा कुछ ख़ास दिखाई नहीं पड़ा क्योंकि कल भी महिलाएं रसोईघर में दिखाई देती थीं और आज भी महिलाओं को हम वहीं पाएंगे। इसी बात से महिलाओं की सामाजिक स्थिति का अंदाज़ा लगाया जा सकता है।

वर्तमान में घर की बहू, बेटियां काफी शिक्षित हो रही हैं। नौकरियां भी कर रही हैं; परंतु चाहे कितने भी बड़े पद पर काम क्यों न कर रही हो; घर के सभी सदस्यों के लिये खाना पकाने व परोसने की उम्मीद सिर्फ महिला सदस्यों ही से की जाती है और सदियों से की जाती भी रही है। इसी वजह से भारतीय समाज में लड़कियों को बचपन से ही रसोईघर के काम सिखाने शुरू कर दिए जाते हैं। हमारी रसोई में जब मां प्रवेश करती है; तभी अपनी बेटी को भी आवाज़ लगाती है और वहीं पास में खड़े होने का इशारा कर, उसे खाने की विधियां और मसालों का ज्ञान कराती है। जबकि घर के बेटों को रसोई से दूर रखा जाता है। क्योंकि वो बेटा एक लड़का हैं। एक भावी पुरुष है जिसको आगे चलकर महिला पर अपना हुक्म चलाना है और उसे अपनी उंगली पर नचाना है।

एक स्त्री जब रसोई में काम कर रही होती है तब साथ में उसकी बेटी काम करवाएगी परंतु पति उठकर किचन में आना भी पसंद नहीं करेगा। पति/ पुरुष ड्राइंग रूम में टीवी देखता रहेगा या समाचारपत्र पढ़ता रहेगा। वहीं से आवाज़ लगाएगा," अजी सुनती हो ज़रा एक कप चाय तो भिजवाना।"

यहां पर पति ने अपनी पत्नी को तो चाय के लिए कहा ही है साथ ही उस बेटी को भी आवाज़ लगाई है; जो मां के साथ रसोई में काम करवा रही है। भिजवाना अब पत्नी या तो चाय खुद लेकर आएगी या अपनी बेटी के हाथों पिता के लिए चाय भिजवाएंगी। आप स्वयं देखिए कि दोनों स्थितियों में पत्नी व बेटी ही को यह काम करना पड़ा। इसमें पति या बेटा भी तो रसोई में जाकर चाय ले सकता था पर नहीं। इसी बात को जब घर के बेटे ने देखा कि,* ना तो वह काम करता है, ना पापा करते हैं, बस मम्मी और बहन ही रसोई में लगे रहते हैं तो इसका अर्थ यह हुआ कि पुरुष वर्ग रसोई का कोई काम नहीं करते।* आगे चलकर इस तरह के बेटे/पुत्र/लड़के, जिनसे कभी माता पिता ने रसोई का कोई काम नहीं करवाया ; जिन्होंने कभी अपने पिता को माँ के साथ खाना बनाते या अन्य घरेलू कामों में मदद करते नहीं देखा, वे भी भविष्य में कभी अपनी पत्नी की कोई मदद नहीं करेंगे और अपने बेटों को रसोई से दूर ही रखेंगे।

इस तरह के परिवारो में यह बात स्पष्ट रूप से देखी जा सकती है कि पितृसत्ता की विचारधारा, जो एक पीढ़ी से दूसरी पीढ़ी में बिना किसी रुकावट के स्थानांतरित होती रहती है और अधिकांश महिलाएँ जो शिक्षित होने के बावजूद भी देश के विकास में अपना योगदान नहीं दे पाती हैं; समय की कमी समझ लीजिए या महिलाओं का रसोई तक सीमित होना कह लीजिए ; बात एक ही है।

पहले ज़माने में महिलाओं को यह कहा जाता था कि पहले घर परिवार के पुरुषों को भोजन खिलाओ; फिर तुम खुद भोजन करना।

आज भी ऐसा ही होता है क्योंकि समय अवश्य बदला है परंतु समाज व लोगों की सोच अभी भी वैसी ही है। कुछ टेलीविजन धारावाहिकों में भी हम सबने देखा ही है अमीर शिक्षित सभ्य परिवारों में भी महिलाएं खड़े होकर अपने पतियों या घर के पुरुषों को खाना परोसती हैं, खिलाती हैं;

और पुरुष वर्ग डायनिंग टेबल पर आराम से बैठकर खाना खा रहे होते हैं। पहले पुरुष भोजन कर लेते हैं बाद में महिलाएं बैठकर भोजन करती हैं।

क्या लाभ ऐसी पढ़ाई लिखाई का?; जिसमें आज भी महिलाएं शिक्षित होकर पति से

पीछे हैं? ऐसा दृश्य तो टेलीविजन तक पर हम सबने देख ही लिया है। दर्शकों ने नोटिस किया होगा कि धारावाहिकों में कभी इस प्रकार की बातों का विरोध करते हुए नहीं दिखाया जाता , सब स्त्रियां आराम से सबकुछ स्वीकार कर लेती हैं। हैरानी की बात तो यह है कि पुरुष वर्ग भी कभी यह नहीं कहता कि उनकी पत्नियों को भी उनके साथ बैठकर भोजन करना चाहिए। चलिए मान लेते हैं कि यह बात तो धारावाहिकों की हुई जिनमें कुछ झूठ तो कुछ सच मिलाकर दिखाया जाता है। मसाला ना हो तो धारावाहिकों को भला कौन देखना पसंद करेगा?

परंतु आज हमने देखा है कि बहुत से परिवारों में स्त्री पुरुष एक साथ बैठकर भोजन करने लगे हैं परंतु फिर भी जो पितृसत्तात्मकता वाली परम्परा है वो समाज में अभी भी काफी परिवारों में देखने को मिल जाएगी। गांव में जाकर देखिए जहां शायद रात ही में पति अपनी पत्नी को देख पाता होगा या कुछ बात कर पाता होगा अन्यथा दिन भर पत्नी का काम में लगे रहना; कोल्हू के बैल की तरह काम और सिर्फ काम करते रहना।

लंबा सा घूंघट निकाले पत्नी पति की सेवा में लगी रहती है। उसके भोजन, ज़रूरतों आदि का ध्यान रखती है क्योंकि पितृसत्तात्मक परम्पराएं ग्रामीण क्षेत्रों में बहुतायत रुप से हावी हैं।

अब आ जाते हैं शहर की ओर।

किस्सा:

एक दिन मैं अपनी एक सहेली से मिलने गई थी । वहां एक कामवाली से मैंने इस विषय में बात की थी। उसने बताया कि उसके दो बेटी और तीन बेटे हैं। पति और तीनों बेटे घर में आराम से रहते हैं और ये तीनों घर के काम के साथ- साथ बाहर जाकर लोगों के घरों में झाड़ू, पोंछा , बर्तन साफ करती हैं। अपने घर आकर भोजन पकाना सबको खिलाना आदि सब काम इन्हीं तीनों की ज़िम्मेदारी है। पिता और तीनों भाई आराम से टीवी देखते रहते हैं पति ना तो बेटियों की किसी काम में मदद करता है और ना पत्नी ही की।

घर में पहले पति और बेटे खाना खाते हैं जितना उन्हें खाना है; खाते रहते हैं; यह भी

नहीं सोचते कि घर में तीन महिलाएं और भी हैं; उनके लिए भोजन शेष हैं भी या नहीं? कोई मतलब नहीं उन्हें किसी से , सिर्फ अपना- अपना सोचते हैं। पति का जब जी करता है पत्नी को अपने पास बुला लेता है अन्यथा वह बेटियों के साथ छोटी सी जगह में सो जाती है। पति छोटी छोटी गलतियों पर अपनी पत्नी को मारता पीटता है; बेटियां विरोध करती हैं तो उनकी भी पिटाई की जाती है; परंतु बेटे कभी कुछ नहीं बोलते क्योंकि उनको शुरू ही से यह सिखाया गया है कि तुम बलशाली हो; तुम्हारा जन्म ही नारी पर हुकूमत करने के लिए हुआ है। कामवाली मजबूर हैं क्योंकि बेटियां हैं। कुछ कह भी नहीं पाती। ख़ैर, यहां हमारा प्रश्न फिर वही है कि पुरुष रसोई में कभी क्यों नहीं जाता ?

पुरुष को भी तो कभी रसोईघर में कदम रख लेना चाहिए। यदि पत्नी बीमार है तब पुरुष क्या करेगा ? तब भी तो रसोई में जाकर चाय या कॉफी बनाएगा। इस बारे में एक पुरुष के विचारों का पता चला, यहाँ साझा कर रही हूँ...

मैं रसोई में जाकर कुछ भी इसलिए नहीं पकाता कि अगर एक बार भी मैंने कुछ बना लिया और पत्नी को खिला दिया या खुद भी खा लिया तो पत्नी हमेशा मुझ ही से पकवाती रहेगी और मैं ऐसा हरगिज़ नहीं करना चाहता क्योंकि यह काम औरतों का है पुरूषों का नहीं।

प्रश्न : एकाकी परिवार हो और पत्नी बीमार हो जाए तब क्या करेंगे और कैसे करेंगे?

पति का उत्तर : पत्नी को या तो मायके भेज देंगे या कोई कामवाली पूरे दिन के लिए रख लेंगे ऐसा भी हो सकता है कि होटल से तीनों समय का खाना मंगवाते रहेंगे।

इन उत्तरों से यह स्पष्ट रुप से साफ हो चुका है कि चाहे कुछ हो जाए पुरुष को रसोई से दूर रहना बखूबी आता है। अगर कभी कोई पुरुष कोशिश करता भी है रसोई में आने की तो उसे अपनी परम्पराएं याद आ जाती हैं या याद दिला दी जाती हैं और वह दूर चला जाता है।

हम यहां हर घर की बात नहीं कर रहे आज समय ने करवट ली है और कुछ लोगों को बदला भी है पर अधिक नहीं।

एक दिन मैं रसोई व महिलाओं के जीवन पर कुछ पढ़ रही थी तभी मेरे सामने कुछ

पंक्तियां आईं जिन्हें मैं अपने लेख में शामिल किए बगैर ना रह सकी।

आदरणीया निर्मला पुतुल जी की निम्नलिखित पंक्तियाँ बेहद प्रासंगिक हैं-

तन के भूगोल से परे
एक स्त्री के
मन की गाँठें खोलकर
कभी पढ़ा है तुमने
उसके भीतर का खौलता इतिहास?
XXXX
अगर नहीं!
तो फिर जानते क्या हो तुम
रसोई और बिस्तर के गणित से परे
एक स्त्री के बारे में...?

जी हां ये पंक्तियां इशारा कर रही हैं उस दशा की ओर जो पुरुष की दृष्टि में एक स्त्री की पहचान बन चुकी है।

एक महिला क्या सोचती है?
क्या करना चाहती है?
क्या उसके सपने हैं ?
कैसे जीना चाहती है?
इन सब बातों से पुरुष को कोई मतलब नहीं...

पुरुष को मतलब है केवल स्त्री के तन से , उसके घरेलू कामों से। स्त्री के मूक बने रहने से। पुरुष के सामने झुके रहने से।

अपनी सेवा करवाने से।।
देखो कभी स्त्री के भीतर झांककर,
एक दुख, वेदना दिखाई देगी।
अपना सर्वस्व देकर भी,

कभी कुछ नहीं मांगती किसी से।

वहीं स्त्री ठोकरों में रहकर भी,

कभी कोई शिकायत नहीं करती।

तभी तो कहा गया है नारी जीवन एक कठिन डगर है।

कहानी : रसोईघर

विद्या के दोनों हाथों में आटा लगा हुआ था और कमरे से बच्चे के रोने की आवाज़ आ रही थी. बच्चा छोटा था और अभी मां के दूध पर ही निर्भर था. जल्दी से विद्या ने अपने हाथ पानी से उल्टे सीधे धोए और कमरे की तरफ भागी। बाहर सोफे पर सास-ससुर पति और एक कुंवारी ननद बैठी थी। विद्या को यह देखकर बहुत बुरा लगा कि किसी ने भी कमरे में जाकर छोटे बच्चे को गोद में उठाकर चुप कराने की कोशिश नहीं की, सब अपनी ही बातों में मगन थे। विद्या ने बच्चे को सुलाया और जैसे ही कमरे से बाहर निकली पति संदीप बोला," आज रात के खाने में कुछ स्पेशल बना देना, मेरे कुछ दोस्त डिनर पर आ रहे हैं।" विद्या कुछ कहती इससे पहले ही सास बोल पड़ी, बहू बहुत भूख लगी है जल्दी से खाना तैयार कर दो।" विद्या रसोई की तरफ बढ़ी और सब्जी रोटी बनाने लगी। सास ननद ने उसकी कोई मदद नहीं की। अकेले ही उसने टाइनिंग टेबल पर खाना लगाया और सबने आराम से खाना खाया। फिर सब अपने- अपने कमरे में आराम करने के लिए चले गए। रह गई विद्या जिसको अभी बर्तन समेटने थे और रात के खाने की तैयारी करनी थी। शाम को कामवाली ने आकर बर्तन साफ कर दिए क्योंकि विद्या का बच्चा अभी छोटा था इतना काम वह नहीं कर सकती थी तो सास ने बर्तन धोने वाली लगा रखी थी। विद्या ने रात के खाने के लिए ससुर से सब्ज़ियाँ मंगवाई और मीनू तैयार कर खाना बनाने की तैयारी में जुट गई. संदीप ने कहा ," सुनो! मीठे में क्या बनाओगी?" विद्या ने कहा, "सूजी का हलवा बना देती हूँ वह जल्दी बन जाएगा।" संदीप बोला ,"नहीं, ऐसा करो मूंग की दाल का हल्वा बनाओ." "पर वह तो बहुत समय लेता है।" "अरे ! तो क्या हुआ ?तुमने कौन सा मेरी मीटिंग एटैंड करनी है आराम से रात के 12 :00 बजे तक बनाती रहना। मेरी मीटिंग काफी लंबे समय तक चलेगी." "और दीपू का क्या होगा ?"

सास कमरे से बाहर आते हुए बोली, “क्यों इतनी बहस कर रही हो? दीपू को हम देख लेंगे। तुम बस अच्छा बढ़िया खाना पकाकर मेरे बेटे के दोस्तों को खिला दो।” विद्या ने संदीप की तरफ देखा और बिना कुछ कहे रसोई की तरफ बढ़ गई। विद्या ने मटर पनीर, मिक्स सब्ज़ी, सफेद छोले, ज़ीरे वाले चावल, दही बूंदी का रायता, दम आलू, अजवायन की पूरी, दाल मखनी आदि बहुत कुछ तैयार किया। इतना कुछ बनाने में उसका शरीर पूरी तरह से टूट रहा था। अभी मूंग की दाल का हलवा भी बनाना शेष था जो काफी समय लेने वाला था। उसने मूंग की दाल को दोपहर ही को भीगने के लिए रख दिया था। शाम की चाय सबको पिलाकर अब वह मूंग की दाल को पीसकर उसका हल्वा बनाने में लग चुकी थी। पूरा दिन विद्या का रसोईघर में व्यतीत होता था। हलवा बनाते समय विद्या को याद आ रहा था कि किस प्रकार विवाह से पूर्व वह रसोई में जाना पसंद भी नहीं करती थी और चम्मच चलाते- चलाते विद्या को अपना अतीत याद आने लगा।

कानपुर की रहने वाली विद्या दो भाईयों की सबसे छोटी बहन थी। पिता का कानपुर में लैदर का कारोबार था , जिसमें पिता ने अपने पुत्रों को भी अपने साथ ही बिजनेस में लगा लिया था विद्या घर की लाडली बेटी थी और चुलबुली भी थी। शिक्षा के प्रति विद्या का लगाव बहुत गहरा था। यही कारण था कि वह घर के कामकाज में ध्यान नहीं देती थी और खाना पकाना तो उसे बिल्कुल पसंद नहीं था। एम. कॉम करने के बाद एक प्राइवेट कम्पनी में अच्छी सैलरी पर नौकरी मिल गई। घर में सब बहुत खुश थे, पर मां को एक ही चिंता सताती रहती थी कि विद्या की शादी भी करनी है। रसोई घर में पैर रखना विद्या को पसंद नहीं था। मां चिल्लाती रहती पर पापा बचाव कर देते थे और विद्या अपनी नौकरी करती, मज़े से रहती थी। विद्या अभी शादी नहीं करना चाहती थी इसलिए पहले बड़े भाई का विवाह कर दिया गया। सबकुछ सही चल रहा था। जिस कम्पनी में विद्या काम करती थी वहीं संदीप नाम का एक मैनेजर लखनऊ से ट्रांसफर होकर आया था। विद्या ने अपनी होशियारी और अपने परिश्रम से संदीप को बहुत प्रभावित किया। संदीप को विद्या अच्छी लगने लगी पर उसने यह बात विद्या को नहीं बताई। वह विद्या के साथ और कर्मचारियों की तरह ही पेश आता था। ठीक एक वर्ष बाद अचानक संदीप के माता पिता विद्या के घर

संदीप का रिश्ता लेकर आ गये। विद्या इन सब बातों से बेखबर थी। वह हैरान हुई कि संदीप सर ने उसे कभी बताया तक नहीं। विद्या के घरवाले, भाई –भाभी सबको संदीप और संदीप का परिवार बहुत पसंद आया। विद्या ने संदीप के परिवार वालों से स्पष्ट शब्दों में कहा कि वह शादी के बाद नौकरी नहीं छोड़ेगी, अपनी ज़िंदगी अपने अनुसार निर्वाह करना चाहेगी। संदीप और उसके माता पिता ने विद्या और उसके परिवार की हर बात स्वीकार की। सबकी सहमति से संदीप और विद्या का विवाह तय हो गया। विद्या की भाभी काफी अच्छी थी उन्होंने विद्या को खाना पकाना सिखाया जबकि विद्या की रुचि नहीं थी पर अब उसे ज़बरदस्ती सीखना पड़ा क्योंकि उसे यही कहा गया कि पति के दिल तक जाने के लिए पेट से गुज़रना पड़ता है। यानि कि अच्छा खाना ही पति को दिवाना बनाता है। कहने को यह बात औरतों को केवल गुलामी की तरफ धकेलने वाली है जिससे औरतें केवल रसोई तक सीमित रहें और घर के या बाहरी कारोबार की तरफ से उनका ध्यान हटा दिया जाए। ख़ैर, पुरानी कहावत है आज भी कहीं न कहीं सुनने को मिल जाएगी .

विद्या शाम को ऑफिस से घर आती तो खाना पकाना सीखती। पापा तो कह भी देते कि ,"कोई बात नहीं बिटिया तुम जब नौकरी करोगी तो कोई खाना बनाने वाली रख लेना।" पर मां की इच्छा होते हुए विद्या मन मारकर कर ही लेती थी। ख़ैर विद्या को उसकी भाभी ने शादी से पहले बहुत कुछ सिखा दिया। संदीप और विद्या की शादी हो गई। संदीप और विद्या का ऑफिस कानपुर ही में था तो संदीप यहीं पर एक अलग मकान लेकर रहता था क्योंकि दोनों नौकरी करते थे। दोनों उसी मकान में रहने लगे। विद्या और संदीप ऑफिस साथ जाते और साथ ही आते थे। दोनों थक जाते थे पर विद्या फिर भी हिम्मत कर संदीप को पानी पिलाती, चाय बनाती और खाना भी बनाकर देती थी। नौकरानी सुबह ही अपना काम निपटाकर चली जाती थी। बाकी सब विद्या ही को करना पड़ता था। संदीप घर के किसी भी काम में विद्या की मदद नहीं करता था। उसके पास ऑफिस के काम का बहाना होता था। विद्या कुछ नहीं कहती थी, चुपचाप घर का काम और ऑफिस फाइलें कम्पलीट करके ही सोती थी। कुछ महीनों तक सब ठीक चलता रहा पर, अब विद्या ने एक बात नोटिस की कि संदीप जानबूझकर उससे खाने की तरह तरह की फरमाइशें

करता रहता है ।यहां तक कि इतवार या छुट्टी वाले दिन भी वह विद्या को चैन से नहीं बैठने देता। घर की सफाई करना तो दूर वह वाशिंग मशीन में धोने वाले कपड़े तक नहीं डालता। अब तक विद्या खाने की काफी वैराइटीज बनाना सीख चुकी थी। जो नहीं आती थी वह यूट्यूब से देख लेती थी। एक बार घर की खिड़की पर रंग करना था विद्या ने संदीप को कहा ,"सुनिए संदीप! खिड़की छोटी है आप यहाँ रंग कर दीजिए।" तब संदीप ने फोन करके पेंटर को बुलाया और रंग करवाया। जबकि अगर विद्या का कोई काम होता तो वह बाहर से किसी को नहीं बुलाता और विद्या ही से कहता कि तुम इसे कर लो बहुत आसान है। संदीप को खाने पीने का बहुत शौक था . आए दिन उसके दोस्त घर पर आते रहते थे। विद्या थकी हारी ऑफिस से आकर जैसे तैसे खाना बनाती थी, ऊपर से संदीप के दोस्तों का इस तरह वक्त बेवक्त घर में आना विद्या को पसंद नहीं था। वह कभी कभार संदीप को मदद करने को बोलती तो वह साफ मना कर देता। शादी को दो साल हो चुके थे कब तक विद्या संदीप की दासी बनकर काम करती रहती अब वह भी कुछ ख़ास नहीं बनाती थी, जो बन जाता बना लेती और कभी कभार बाहर से ऑर्डर कर लेती। विद्या के पास भी ऑफिस का काम होता था जिसे पूरा करना आवश्यक था। ऊपर से संदीप की खाने की फरमाइशें जो विद्या को अब पसंद नहीं थी। एक बार संदीप ने विद्या से कहा कि ,"आज गाजर का हल्वा बना लो।" विद्या ने जवाब दिया , "ऑफिस की एक फाइल पूरी करनी है समय नहीं है ऐसा करो बाहर से मंगवा लेते हैं।" संदीप को विद्या का स्वतंत्र रूप से इस प्रकार उत्तर देना पसंद नहीं आया। पर वह कुछ नहीं बोला कि कहीं घर में बहस ना हो जाए।

एक बार विद्या की तबीयत ठीक नहीं थी वह घर पर ही थी तब संदीप ऑफिस गया। उसने लंच बाहर से ऑर्डर किया तब उसके दोस्तों ने उसे छेड़ते हुए कहा,"क्या हुआ , शादी के बाद भी बाहर का खाना?" तब संदीप ने अपने दोस्तों के बीच बैठकर अपने मन की बात शेयर की थी कि ," कभी कामकाजी महिला से शादी नहीं करनी चाहिए क्योंकि वह पति के घर लौटने पर एक गिलास पानी तक नहीं पिलाती और अगर कभी कहो कि गाजर का हल्वा बनाकर खिला दो तो साफ कहती हैं कि ये लो पैसे , जाकर रेस्टोरेंट से

ले आओ." "ओह ! यह क्या कह रहे हो विद्या भाभी तो बहुत अच्छी हैं।"

"मैंने कब कहा कि अच्छी नहीं है ?"

"......पर नौकरी करने के कारण घर परिवार पर कम ध्यान देती है."

"तो नौकरी छुड़वा दो." दोस्तों ने कहा

"अरे नहीं!शादी से पहले ही तय हो गया था कि नौकरी करनी है उसने."

"चलो छोड़ो यार ! आगे जो होगा देखा जाएगा, पर इतना तो है कि कामकाजी पत्नी अपने मन की करती है और स्वतंत्र रहना पसंद करती है. कोई उस पर हुक्म नहीं चला सकता." संदीप ने कहा और खाना खाने लगा. घर आया. विद्या आराम कर रही थी। उसने संदीप की तरफ कोई ध्यान नहीं दिया क्योंकि उसके शरीर में काफी कमज़ोरी थी। दो चार दिन संदीप बाहर से खाना ऑर्डर कर मंगवाता रहा। जब विद्या ठीक हुई तो दोनों ऑफिस साथ जाने लगे। ढाई साल बाद संदीप की लखनऊ ट्रांसफर हो गई और विद्या की नहीं हुई। संदीप ने विद्या से कहा कि वह उसके साथ लखनऊ चले । विद्या ने कहा कि वह वहां नौकरी करेगी तब संदीप ने उससे वादा किया कि वह अगर चाहे तो दूसरी कम्पनी में नौकरी कर सकती है और इस प्रकार संदीप और विद्या लखनऊ आ गये। लखनऊ में संदीप का अपना घर परिवार था। एक कुंवारी बहन माता पिता थे। एक बड़ा भाई अपने परिवार के साथ दूसरे शहर में रहता था, एक बड़ी बहन की शादी हो चुकी थी। विद्या को लगा कि लखनऊ में संदीप का परिवार घर के काम में मदद कर ही देगा उसे आराम भी मिल जाएगा। यही सोचकर वह संदीप के साथ लखनऊ आ गई। यहां आते ही ज़िम्मेदारियों ने उसे घेर लिया। बाहर नौकरी भी करती और घर में सास का हाथ भी बंटाती। पर फिर भी सास ससुर उससे खुश नहीं थे। वे चाहते थे कि विद्या नौकरी छोड़कर घर ही में रहे और घरेलू आदर्श पत्नी बनकर रहे, जो विद्या को हरगिज़ स्वीकार नहीं था। सुबह का सारा नाश्ता सास बनाती थी क्योंकि संदीप, विद्या ऑफिस जाते थे और ननद कॉलेज। संदीप को अपनी मां का यूं किचन में काम करना अच्छा नहीं लगता था। वह चाहता था कि विद्या घरेलू पत्नी बनकर घर में ही रहे। कभी घर में मेहमान आ जाते तो विद्या घर में होती ही नहीं थी। अब सास ने संदीप के सामने कई बार कहा कि"

बहू को लाए भी पर वह किस काम की ? सारा दिन घर से बाहर रहती है” एक दिन बड़ी ननद आई और उसने अपनी मां को रसोई में काम करते देखा . उसने भी मां से कहा कि “भाभी से नौकरी छुड़वाओ” उसने सास के कान भर दिए और एक उपाय भी सुझा दिया शाम को संदीप और विद्या ऑफिस से आए। सास बोली,” बेटा तीन साल होने को आए हमें दादा दादी कब बनाओगे?” संदीप ने विद्या से यह बात कही। विद्या ने कोई उत्तर नहीं दिया। कुछ दिनों में विद्या गर्भवती हो गई पर वह निरंतर ऑफिस जाती रही। जब गर्भ का समय करीब आया उसे छुट्टी मिल गई। ख़ैर उसने एक बेटे को जन्म दिया जिसका नाम दीपू रखा। संदीप ने इसी बच्चे का फायदा उठाया और विद्या को बच्चे की सही ढंग से परवरिश करने के बहाने विद्या की नौकरी छुड़वा दी और उसे शिक्षित घरेलू होम मेकर बना दिया। सारा दिन रसोई में खाना पकाना और दीपू को संभालना उसका काम रह गया। उसे बहुत महसूस होता था कि वह नौकरी करते रहना चाहती थी पर संदीप उसे डोमिनेट करने का कोई मौका नहीं छोड़ता था। ऑफिस से आकर विद्या का उसे पानी पिलाना, चाय नाश्ता कराना सब अच्छा लगता था और उसकी मां बहन आराम से सोफे पर बैठी रहती थी। आज भी संदीप की मीटिंग थी जिसके बारे में उसने जानबूझकर घर में अपने दोस्तों को बुलाया जिससे कि विद्या खाना पकाने में व्यस्त रहे और उसका ध्यान नौकरी व मीटिंग की ओर न जाए. “विद्या , क्या कर रही हो ?” सास का स्वर उसके कानों में गूंजा तो वह अतीत से बाहर आई। उसने कहा,”जी मम्मी जी,” सास बोली, “खाना तैयार हो गया क्या?” “लगभग तैयार है हलवा बना रही हूं जो दस मिनट में बन जाएगा।” विद्या का गला भरा हुआ था हो भी क्यों न? वह अपने सपनों पर मसाला डलते देख रही थी और उसे अपनी ज़िंदगी रसोई में बर्बाद होते स्पष्ट रुप से दिखाई दे रही थी। पर वह क्या कर सकती थी क्योंकि जब तक दीपू छोटा था वह उसे नहीं छोड़ सकती थी। वह बाहर आई और टाइनिंग टेबल पर सारा खाना लगा दिया। उसने देखा कि संदीप मोबाइल पर महिलाओं द्वारा तरह तरह के खाने पकाने वाली वीडियो देख रहा था। उसने विद्या से कहा कि जल्दी ही एक और मीटिंग होगी जो विदेशी कम्पनी के साथ हैं तब वह उन लोगों को चाइनिज़ खाना बनाकर खिलाएं। विद्या ने कहा,” आप बाहर होटल में

मीटिंग क्यों नहीं करते? यहां घर पर काफी व्यस्त हो जाती हूं मैं।" यही तो संदीप चाहता था. ख़ैर , मीटिंग शुरू हुई और जिस विषय पर ये सभी दोस्त चर्चा कर रहे थे विद्या उससे भली-भांति परिचित थी वह बाहर आकर संदीप के साथ बैठकर डिस्कशन करना चाहती थी पर सास ने जानबूझकर उसे काम में उलझाए रखा और बाहर आने तक नहीं दिया। संदीप ने भी अपनी मां से कहा था कि विद्या को मीटिंग में मत आने देना वरना उसका मन नौकरी करने को फिर से करने लगेगा और वह खाना पकाने व घर संभालने आदि से दूर हो जाएगी। अब दीपू लगभग दो वर्ष का हो चुका था। विद्या ने संदीप से नौकरी करने की बात की, जिसे संदीप ओर ससुराल वालों ने मना कर दिया। बार बार दीपू को संभालने की ज़िम्मेदारी का हवाला दिया जाने लगा जो विद्या को घर में रुके रहने का सबसे बड़ा ब्लैक मेल करना था।

एक दिन विद्या अपनी अलमारी सही कर रही थी उसे अपनी पुरानी डायरी और कुछ फाइलें मिली जिन्हें वह पढ़ने लगी। उसकी आंखों में नमी थी।

विद्या को यह बात समझ आ चुकी थी कि औरत की तरक्की में सबसे ज़्यादा बाधक औरत ही होती है। काश ननद और सास विद्या को सहयोग करती और विद्या अपने सपनों को पूरा कर पाती।

ऐसा पति किस काम का जो,
ना समझ सके पत्नी के हृदय की पीड़ा।
जो ना करे सहयोग पत्नी को,
जो ना सम्मान कर सके पत्नी का।।

दोस्तों! ना जाने कितनी विद्या हमारे इर्द-गिर्द होंगी जो अपने भविष्य का गला अपने हाथों से घोंट चुकी होंगी। हो सकता है कि कुछ ने अपने इस जीवन को त्याग कर अपने सपनों को जी भी लिया होगा पर फिर भी ऐसी विद्या कम होंगी।

एक दिन मार्केट में मैं एक ऐसी महिला से मिली जो सिंगल मदर थी। कारण पूछा तो उसने बताया कि पति नौकरी नहीं करने देता था, मारता पीटता था, दो बेटियां थीं । वह बेटियों को शिक्षा नहीं देना चाहता था इसलिए उसने

अपने पति से तलाक ले लिया और अपना जीवन अपनी बेटियों के साथ व्यतीत करना सही समझा।

पर कितनी महिलाएं ऐसा कर पाती हैं?

कुछ तो अपना पूरा जीवन घर की चार दीवारी और रसोई करछी में ही बिता देती हैं। उन्हें लगता है कि यही उनका घर संसार है।

दहेज देने की होड़ या दिखावा

दहेज देने की होड़ क्यूं है लगी?
इंसान क्या दिखाना चाहता है?
क्यों करता दिखावा यहाँ इतना?
क्या जताना चाहता है?
कन्या पक्ष जब दहेज देता है,
वर पक्ष का मुंह फिर
और अधिक खुल जाता है।
क्यों कन्या को दहेज से तौलता ससुराल?
कन्या ही दहेज है,
यह बात क्यों नहीं समझ पाता है?
वधू से लेता क्यूं धन दौलत?
वधू को क्यों सताता है?
जिनके पास नहीं दौलत
वे मजबूर होते दहेज देने को
बेच देते खुद को भी
लाचार हो जाते दहेज देने को।
ऐसे में वे क्या करें?
कहां से लाए पैसा?
वर पक्ष को कैसे खुश करें
कहां से लाएं धन ऐसा?
दूर रहो इस आग से,
दोनों को जलाकर राख कर देगी।
एक दिन होगा ऐसा यहां

वर के लिए वधु ढूंढने से भी नहीं मिलेगी।
दुल्हन की दहेज है स्वीकारों यह बात
मत करो अपनी मनमानी
वधु को स्वीकारों बिना दहेज
तब होगी कोई बेहतर बात।।

एक तो सजावट में धन की बरबादी ऊपर से दहेज में देने वाला सामान। कोई पूछे कि शादी के समय कन्या के साथ ये इतना सामान क्यों देना? केवल वही सामान दे सकते हो जितने की आवश्यकता हो। पर नहीं जी, ऐसा तो भला कोई करना ही क्यों चाहेगा? क्योंकि समाज में कुछ लोगों को दिखावट के लिए भर-भरकर दहेज देते देखा गया है। जिसे देखकर सब हैरान हुए बिना नहीं रह पाते। बनावटी दुनिया और एक दूसरे से आगे निकलने की होड़।

एक बात जो हम सदियों से देखते आ रहे हैं पड़ोसी ने अपनी बेटी के विवाह में छोटा फ्रिज दिया तो रिश्तेदार या फिर पास ही में रहने वाला पड़ोसी अपनी बेटी को बड़े वाला फ्रिज देगा क्योंकि उनमे होड़ लगी है कि अपने साथी से अधिक व बेहतर सामान अपनी पुत्री को दहेज में देना है। जब पड़ोसी या रिश्तेदार ही सहयोग नहीं करेगें तो दहेज लोभियों के मुंह तो वैसे ही खुल जाएंगे। बल्कि यह और सुनने को मिलेगा (जो कन्या कम दहेज लेकर ससुराल गई होगी) "तुम इतना कम लाई हो, इससे अच्छा होता कि हम तुम्हारे पड़ोस वालो की लड़की के साथ अपने बेटे का विवाह करा देते।" कितने अपमान की बात है यह उस कन्या के लिए , जिसे ससुराल में आए हुए अभी कुछ दिन ही हुए हैं।

दहेज देकर हम स्वयं अपने पैरों पर कुल्हाड़ी मार रहे हैं । अधिक दहेज देकर वर पक्ष के सामने सिर्फ अपनी नाक ऊंची रखने के लिए और अपने नाम के लिए। इससे क्या होगा? वर पक्ष को चाहे जितना दहेज दे दो या चाहे शादी पर कितना भी धन खर्च कर दो; वर पक्ष को खुश कर पाना संभव नहीं है।

इससे अच्छा तो यही है कि अपनी बेटी के नाम से बैंक में धन जमा करवा दो। कल कहीं उन्नीस इक्कीस हो गई तो वो पैसा बिटिया के काम तो आ जाएगा।

पर इन धनवान अमीर लोगों को कौन समझाए? बड़े बड़े व्यापारी अपने व्यापार को बढ़ाने के लालच में दहेज देकर सामने वाले से मित्रता करते हैं और अपना लाभ देखते हैं। पर उन परिवारों का क्या जिनकी आर्थिक स्थिति अच्छी नहीं है... सोचो जिस पिता के पास पैसा नहीं है वह क्या करेगा? जिस घर में दो, चार या चार से अधिक कन्याएं हैं उस परिवार का क्या होगा? कहां से लाएगा पिता अपनी पुत्रियों के लिए दहेज?

समाज को सिर्फ अपनी फिक्र है। समाज यह कभी नहीं सोचता कि एक परिवार के करोड़ों रुपए शादी में खर्च कर देने से दूसरे परिवारों पर कितना बुरा असर पड़ेगा; वो भी उन परिवारों पर जिनके घर में दो वक्त का भोजन भी कठिनाईयों से प्राप्त हो पाता है।

क्यूं करना फिजूलखर्ची?
जब काम,
कम धन से भी हो जाएगा।
कन्या का विवाह
करो साधारण ढंग से,
वर पक्ष कुछ कह नहीं पाएगा।
अगर बोलेगा कुछ तो
उसे समझा देना।
वर वधू हैं महत्वपूर्ण
ये बात उन्हें बतला देना।
ना करो चिंता समाज की
समाज बना हम सबसे मिलकर
शुरुआत करो कोई एक
एक दिन समाज भी बदल जाएगा।
क्यूं करना फिजूलखर्ची
जब काम
कम में भी हो जाएगा।

हम बचपन से देखते आ रहे हैं कि जिस लड़की की शादी होती है उसको सामान भी दिया जाता है। पहले छोटे थे तो इतना पता नहीं था पर अब सब समझ में आने लगा है।इसे हमने गाड़ियों, ट्रक आदि पर लदे देखा है और यह बात अभी की नहीं है बल्कि सदियों पहले से चली आ रही हैं, आगे वधु और उसके पीछे गाड़ी या ट्रक में सामान लदा चला जाता है। कहीं पर दहेज का सामान शादी से एक दिन पूर्व ही भेज दिया जाता है।

हां! दहेज का प्रारूप बदल चुका है। पहले सामान आजकल के जैसा नहीं था उदाहरण के लिए आपको बता दें कि पहले साईकिल होती थी, आज कार ने साईकिल की जगह ले ली है। पहले पलंग होता था आज डबल बेड आ गया है आदि ऐसी बहुत सी चीजें हैं जो समय के साथ बदल चुकी हैं।

अपना एक अनुभव बताती हूँ । बात छोटी है पर बहुत गहरी है। मैं अपने शहर में एक शादी में शामिल हुई। वहाँ बहुत सारे परिवार आए हुए थे। कुछ के बच्चे भी साथ थे। शादी में तो भीड़ भाड़ वैसे भी रहती ही है। जब लड़की की विदाई का समय आया तो वर पक्ष ने शोर मचाना शुरू कर दिया कि लड़की के दहेज का सामान बड़े ट्रक में जल्दी से जल्दी चढ़ाया जाए।

सामान चढ़ाया जाने लगा सोफ़ा, अलमारी, डबल बेड, डायनिंग टेबल, ड्रेसिंग टेबल, ऐ.सी., कूलर , गैस चूल्हा, बर्तन, वाशिंग मशीन, सिलाई मशीन आदि, इत्यादि सामान।

जो मेहमान व रिश्तेदार शादी में आए हुए थे यह सब देख ही रहे थे। जब ट्रक में सामान लद गया और लड़की की विदाई होने लगी। लड़की कार में बैठी तो ,सामान का ट्रक उसकी कार के पीछे ही चलने को तैयार खड़ा था।

इतने में एक बच्चा जो शायद लड़की के ही सम्बन्धियों में से किसी एक का था अपनी मम्मी से बोला, “मम्मी, यह ट्रक कहाँ जा रहा है?” बच्चे की मां बोली, “ दीदी के साथ ससुराल जाएगा।”

बच्चे ने तुरंत फिर प्रश्न किया ,” मम्मी, क्या दीदी किसी गरीब घर में जा रही हैं? उनके घर में यह सामान नहीं है क्या ?”

यह सुनकर जहां मुझे बड़ा आश्चर्य हुआ, पास खड़े लोगो के चेहरों का रंग भी पीला

पड़ गया। बात एकदम सही थी।

बच्चा छोटा था पर उसकी बात में दम था । उसने अनायास ही ऐसी बात अपने मुख से निकाली जो वर पक्ष के मुंह पर एक शांत थप्पड़ था।

ससुराल में सामान का पहले से होना :

वर पक्ष के घर में डबल बेड, फ्रिज, सोफ़ा, अलमारी आदि सामान पहले से मौजूद रहता है फिर वधु से क्यों यह सब सामान मंगवाया जाता है?

वधु के मायके वालों पर इस सामान के लिए क्यों दबाव डाला जाता है; जो उनके अपने घर में पहले ही से मौजूद रहता है। वधु पक्ष से क्यों इतनी फिजूलखर्ची करवाना?

पर यहाँ फिर वही बात सामने आती है कि बहू जितना दहेज अपने मायके से अपने साथ लाएगी उतना ही बेटा (वर) काबिल समझा जाएगा।

मेरी एक सहेली थी, जो बिहार व उत्तर प्रदेश के बॉर्डर पर रहती थी। एक दिन उसने मुझे बताया कि उसके क्षेत्र के आसपास के इलाकों में लड़कों की बोलियां लगाई जाती हैं; जो जितना शिक्षित व नौकरी वाला होगा; उतने ही उसके रेट विवाह के लिए फिक्स कर दिए जाते हैं।

बोलियां लाखों और कभी कभी करोड़ों तक भी पहुंच जाती है।

यहां तक की उत्तर प्रदेश के कुछ क्षेत्रों में तो बेरोजगार लड़कों का विवाह पहले कर दिया जाता है। अधिकतर परिवारों में कन्या पक्ष वाले ऐसा ही लड़का ढूंढते हैं, जो बेरोजगार हो, जिसको अधिक धन व दहेज ना देना पड़े।

कन्या पक्ष जितनी जल्दी हो सकता है अपनी बेटियों के लिए ऐसे वर का चुनाव करते हैं और शादी की आयु होते ही कन्या के हाथ पीले कर देते हैं। बेरोजगार युवक के परिवार वाले मनचाहा दहेज नहीं मांग पाते क्योंकि उनका बेटा अभी कुछ नौकरी या कारोबार नहीं कर रहा होता है। यही बेरोजगार युवकों की जब नौकरी लग जाती हैं और जब इनका विवाह होता है तो लाखों की बोलियां लगाई जाती हैं और कन्या पक्ष को दिल खोलकर लूटा जाता है।

एक नज़र डालते हैं कि आखिर दहेज प्रथा आई कैसे?

अथर्ववेद के अनुसार, दहेज़ प्रथा "वहतु" के रूप में उत्तर वैदिक काल में शुरू हुई बताई जाती हैं। इसके अन्तर्गत पिता द्वारा अपनी पुत्री को विदाई के समय कुछ उपहार दिया जाता था। जिससे वह प्रसन्न रहें और वह उपहार उसके उपयोग में भी आ सके। उस समय के कुछ उपहार आज इतना विकराल रुप ले लेगा किसी ने सोचा भी नहीं होगा।

यह श्लोक महाकवि कालिदास के नाटक अभिज्ञान शाकुंतलम् से लिया गया है। जिसमें शकुंतला के विदाई के समय का वर्णन है।

अर्थो हि कन्या परकीय एव तामद्य सम्प्रेष्य परिग्रहितु:। जातो ममायं विशद: प्रकामं प्रत्यर्पितन्यास इवान्तरात्मा।।

अर्थ – कन्या वास्तव में पराया धन होती हैं। आज उसे (शकुंतला को) पति के पास भेजकर मेरा मन वैसे ही निश्चिन्त हो गया है, जैसे किसी की धरोहर वापस कर दी गई हो।

महाकवि कालिदास ने अपनी विश्वप्रसिद्ध रचना 'अभिज्ञान शाकुन्तलम्' में महर्षि कण्व से कहलवाया है–

"अर्थो हि कन्या परकीय एव।"

अर्थात् कन्या पराया धन है, न्यास है, धरोहर है।

न्यास और धरोहर की सावधानी से सुरक्षा करना तो सही है, किन्तु उसके पाणिग्रहण संस्कार, जिसको विवाह के नाम से भी जाना जाता है, को दान कह देना, अनुचित है। इससे जहां वर पक्ष शक्तिशाली समझा जाएगा वही कन्या के साथ अन्याय होगा।

एक और बात यहाँ यह समझने वाली है कि जब कन्या पराया धन है ही तो धन तो वह वैसे ही हो गई, फिर इस अनमोल धन के साथ दूसरे धन यानि कि दहेज की तो कोई आवश्यकता होनी ही नहीं चाहिए।

साधारण शब्दों में दहेज़ प्रथा विवाह के समय वधु के परिवार द्वारा वर के परिवार को दी गई रुपये (नकदी), आभूषण, फर्नीचर, सम्पति और अन्य कीमती वस्तुएँ आदि हैं और इसी को दहेज नाम दे दिया गया है। हम सब जानते हैं दहेज़ लेना और दहेज़ देना

अपराध है। पर फिर भी हम सब जान–बूझकर यह अपराध करते हैं क्योंकि हमारे मन में एक डर है कि समाज क्या कहेगा? इससे भी भयानक यह है कि यदि एक पिता अपनी कन्या को दहेज नहीं देगा तो शायद कल ससुराल वाले उसे परेशान करें, मारे पीटें। यही डर कन्या के पिता को मजबूर करता है दहेज देने के लिए। पुत्री का जन्म लेते ही माता पिता के माथे पर लकीरें उभर आती हैं, इसलिए नहीं कि वह बेटी है बल्कि इसलिए कि आगे ना जाने उनकी बिटिया का भविष्य कैसा होगा?

दहेज की परम्परा आज ही जन्मी हो, ऐसा नहीं है, दहेज तो हजारों वर्षों से हमारे देश में चला आ रहा है। प्राचीन ग्रन्थों में भी इसका उल्लेख मिलता है।

प्राचीन समय में दहेज कन्या पक्ष की कृतज्ञता का रूप था। नवविवाहित जोड़े को आशीर्वाद के रुप में कुछ सामान यह सोचकर दिया जाता था कि अपनी नई गृहस्थी की शुरुआत करेंगे। कन्या के लिए दिया जाने वाला धन, स्त्री–धन था, किन्तु आज वह कन्या का पति बनने का शुल्क बन चुका है। एक पति रिश्वत ले रहा है सिर्फ इसलिए की उसे किसी लड़की का पति बनना है। वाह क्या कमाल की बात है ये। समाज के डर से, लोग क्या कहेंगे ये सब सोचकर अपने परिवार के भविष्य को दाँव पर लगाकर सामान्य व्यक्ति भी इस मूर्खतापूर्ण होड़ में शामिल हो जाते हैं।

प्रत्येक माता पिता यही चाहते हैं कि उनकी बेटी सुखी रहें और ससुराल वाले उसे कुछ ना कहें, यही सोच उन्हें दहेज देने को मजबूर कर देती है। वर पक्ष व वधु पक्ष को आपस में बैठकर यह तय करना चाहिए कि दहेज लेने व देने की बजाय इस धन को वर वधू के भविष्य के लिए जमा कर दिया जाए। भविष्य में यदि आवश्यकता हुई तो धन काम आ जाएगा। वर पक्ष व वधु पक्ष दोनों को शादी के खाने व सजावट में बराबर की हिस्सेदारी देनी चाहिए, जिससे किसी एक पक्ष पर धन आदि का बोझ ना पड़े। पर सोचने और करने में बहुत अंतर है।वर पक्ष से कन्या पक्ष को हीन समझा जाने लगा है। इस भावना का अनुचित लाभ वर–पक्ष पूरा–पूरा उठाता है। वर पक्ष के घर में चाहे साइकिल भी न हो, परन्तु बाइक पाए बिना तोरण स्पर्श नहीं करेंगे दूल्हे राजा। बाइक की माँग तो पुरानी हो चुकी अब तो कार की मांग उठने लगी है। बेटी का पिता होना जैसे भीषण पाप हो गया है।

लड़की के पिता का घर बिक जाए, ज़मीन बिक जाए पर दहेज हर हालत में कन्या को देना है, ऐसी स्थिति में भला विवाह में कहां आनंद आएगा, जहां केवल दहेज ही दहेज का बोलबाला हो बाकी कोई लिहाज़ या सम्मान की बात भी ना हो?

दहेज की समस्या तब तक बनी रहेगी जब तक सभी लोग एक जुट होकर इसका विरोध नहीं करेंगे।

नोट : कन्या पक्ष को चाहिए कि अपनी बेटियों को इतना काबिल व शिक्षित बना दें कि उनसे शादी करने को खुद लड़के आगे आएं और बिना दहेज शादी हो।

यदि कोई दहेज दे रहा है और समझाने पर नहीं मान रहा है तो किसी को उनकी नकल करते हुए अपनी बेटी को दहेज नहीं देना चाहिए बल्कि दहेज के विरुद्ध खड़े होकर अपनी कन्या का विवाह करना चाहिए साथ ही पुलिस को पहले ही से यह कह देना चाहिए कि उनकी बेटी को सुरक्षित वातावरण उपलब्ध कराए, जिससे शादी के बाद बिटिया ससुराल में सुरक्षित रह पाए।

करो प्रयास होंगे सफल एक दिन।
वो दिन कभी तो आएगा,
जब होगी शादी बिना दहेज के,
कन्या के पिता का जीवन संवर जाएगा।
नहीं लेना होगा लोन
नहीं रखनी होगी गिरवी ज़मीन अपनी
कन्या का विवाह बिना दहेज ही
आराम से हो जाएगा।

नारी का घर कौन सा?

क्या पीहर क्या ससुराल,
कोई हमें इतना बताए?

नारी का है घर कौन सा?
कोई हमें इतना समझाएं?
पीहर में कहते पराया धन,
ससुराल में 'दूसरे घर की बेटी' बताते हैं।
पीहर में जो मिलता स्नेह,
ससुराल में सब
अपना रौब जमाते हैं।
नारी परेशान , विचलित सोचकर,
घर उसका, ना पीहर ,ना ससुराल
नारी का है घर कौन सा?
कोई हमें इतना समझाएं?
जो बातें होती पीहर में,
हस्ती, खिलखिलाती बेटियां।
वो ही बातें ससुराल में
शर्म-हया क्यों बन जाती है?
बेटी का हंसना वरदान पीहर में
वो ही हँसना ससुराल में
ग्रहण क्यों बन जाती हैं?
खुलकर सांस ले पाती नहीं,
किसी की बेटी जब बहू में बदल जाती है।
बंदिशों से घिर जाती बेटी
बहू बनकर ज़िन्दगी भर
कर्तव्यों में बंध जाती है।
पीहर तो होता पीहर,
हर लड़की को आंगन

छोड़ना पड़ता है।
ससुराल में रहकर बेटी को
दो परिवारों को जोड़ना पड़ता है।
पर, नारी का है घर कौन सा?
कोई हमें इतना समझाएं?

एक प्रश्न जो हर नारी के मन में अक्सर उभरता है, बार– बार उठता है और बिना उत्तर के ही ठहर जाता है। शादी से पहले पराया धन कही जाती है और शादी के बाद दूसरे घर की बेटी। ऐसे में नारी का घर कौन सा है इस प्रश्न का हल किसी के पास शायद ही हो ?

कहानी :

बहू , हद में रहो

नीता का विवाह सुरेश के साथ एक वर्ष पहले ही हुआ था। सुरेश के एक भाई– बहन और भी थे। ससुराल में सुरेश को मिलाकर दो भाई ,एक बहन रागिनी और सास ससुर थे। नीता व्यवहार में बहुत अच्छी व समझदार थी। ननद रागिनी दोनों भाईयों से छोटी थी और सबकी लाडली भी।

सास थोड़ी गर्म मिज़ाज की स्त्री थी। वह नीता की कभी तारीफ नहीं करती थी।

शादी के एक महीने बाद ही उसने नीता को कहना शुरू कर दिया था कि ,"देख बहू ये तेरा घर नहीं है जो तू यहाँ अपनी मनमानी करेंगी।" नीता कोई जवाब नहीं देती थी। चुपचाप अपने काम में लगी रहती थी। रागिनी कॉलेज में पढ़ती थी; सुरेश आफिस जाते समय उसे प्रतिदिन कॉलेज छोड़ देता था और ऑटो से वह खुद घर आ जाती थी। एक दिन किसी कारण वश सुरेश को आफिस के काम से गाजियाबाद जाना पड़ गया। छोटे भाई का इंटरव्यू था वह वहाँ जाने के लिए तैयार हो रहा था। सास बोली, " नीता, ऐसा कर आज रागिनी को तू कॉलेज छोड़ आ।" नीता ने सहमति से सिर हिला दिया और सुबह का काम जल्दी से निपटाकर रागिनी के साथ ओटो में बैठकर कॉलेज चली गई। जैसे ही रागिनी कॉलेज के गेट पर पहुंची एक लड़का दौड़कर उसके पास आया और उसका एक हाथ पकड़कर बड़े प्यार से बोला," यार! रागिनी आज तुम भैया के साथ नहीं आई?"

"हां मै भाभी के साथ आई हूं।" रागिनी बोली।

राहुल बोला,"तभी मेरी हिम्मत हो गई आज तुम्हारे सामने आने की वरना भैया जब आते हैं; मैं पीछे छुप जाता हूँ।" कहकर मुस्कुराने लगा।

"यह राहुल है भाभी मेरा क्लासमेट।"

राहुल ने नीता को हाथ जोड़कर नमस्ते किया।

"सिर्फ क्लासमेट या कुछ और भी ?" नीता ने आवाज़ बदलते हुए कहा। रागिनी घबरा गई और बोली, " भाभी घर में किसी को कुछ मत कहियेगा। असल में हम दोनों एक दूसरे से बहुत प्यार करते हैं और राहुल की नौकरी लगते ही शादी भी कर लेंगे।"

नीता ने उस वक्त कुछ नहीं कहा पर घर आकर उसने शाम को सुरेश को समझाते हुए कहा," सुनिए जी, मुझे लगता है रागिनी की शादी कर देनी चाहिए। बड़ी हो गई है शिक्षा भी लगभग पूरी ही होने वाली है।"....

"तुम ऐसा क्यों कह रही हो? सब ठीक तो है?"

सुरेश ने नीता की तरफ देखते हुए पूछा।

"हां! ठीक है पर आजकल का माहौल तो तुम जानते ही हो.... कॉलेजों में ना जाने कैसे कैसे लड़के पढ़ते हैं ? कहीं कुछ ऊंच नीच हो गई तो....?"

यह सुनकर सुरेश बोला,

"अरे! कैसी बातें कर रही हो? ऐसा कुछ भी नहीं होगा तुम परेशान मत होओ।" सुरेश ने नीता को समझाते हुए बात वहीं खत्म कर दी।

इस बात को गुज़रे अभी दस दिन भी नहीं हुए थे एक दिन सुरेश ने खुद रागिनी को एक लड़के के साथ एक होटल के बाहर खड़े देख लिया। अब उसे नीता की बात को समझते देर ना लगी।

उसने घर आकर सबके सामने रागिनी के बारे में बताया और अपनी मां से कहा," मुझे पिछले हफ्ते ही नीता ने इशारा किया था पर मैं कुछ समझ ही नहीं पाया।"

सास गुस्से में बोली,

"अच्छा तो ये बात है ? यह सब इस नीता का किया धरा है। बहू तुझे हमारे घर में आए

अभी अधिक समय नहीं गुज़रा और तूने भाई- बहन के बीच शक के बीज बोने शुरू कर दिए। तुझे शर्म नहीं आती।"

नीता बोली, "माझी , मेरी कोई ग़लती नही है। मैंने तो रागिनी को कालेज में एक लड़के के साथ देखा था। मैं रागिनी को सिर्फ आने वाले समय से सावधान करना चाह रही थी।"

इस दौरान रागिनी भी घर आ गई और उसे बात समझते देर नहीं लगी। उसने पासा पलटते हुए सीधे नीता को निशाना बना दिया।

"अरे! भाभी आप कैसी बातें कर रही हो? जिस लड़के की आप बात कर रही हो वह मेरे लिए नहीं बल्कि आपके लिए वहाँ आया था। आपका कोई पुराना जान- पहचान वाला था।" इतना सुनते ही सास- ससुर, नीता को भला बुरा कहने लगे। सास ने तो बिना सोचे समझे नीता के मायके वालों तक पर उंगली उठा दी।

"ना जाने कैसे संस्कार दिए हैं? हमारी तो किस्मत फूट गई जो इसे यहाँ ले आएं।

कलमुंही मायके में ना जाने क्या गुल खिला कर हमारे यहाँ आई है?" सास गरजते हुए बोली।

जब मायके की बात आई नीता रोने लगी।

सुरेश ने बात संभालते हुए कहा," रागिनी झूठ मत बोलो। तुम्हारी भाभी यहाँ की नहीं है फिर उसका कोई दोस्त यहाँ भला कैसे आ सकता है?.... वो भी तुम्हारे कालेज में?....और हां...

आज मैंने तुम्हें खुद देखा था एक होटल के बाहर एक लड़के के साथ बात करते हुए वो सब क्या था?"

यह सब सुनकर रागिनी ने भी ज़ोर ज़ोर से रोना शुरू कर दिया और अपनी मां से लिपटकर बोली," देखो मम्मी, भाभी ने आते ही हमारे बीच रंजिशें पैदा कर दी।" सास ने रागिनी को अंदर कमरे में चले जाने को कहा और नीता को खरी-खोटी सुनाते हुए बोली, "देख बहू यह तेरा घर नहीं है यहाँ तेरी मनमानी नहीं चलेगी। हद में रहा कर।"

इसके बाद सास-ससुर और रागिनी में से किसी ने भी नीता से ढंग से बात नहीं की।

सुरेश भी आगे कुछ नहीं बोला क्योंकि परिवार संयुक्त था सब साथ में रहते थे। पर इस घटना ने जहां नीता को अपमानित किया, वहीं यह भी अहसास करा दिया कि पराया धन केवल बेटी ही नहीं होती बल्कि बहू भी पराया धन ही होती है उसे ससुराल में बेटी की तरह सम्मान नहीं दिया जाता और ना ही दिया जा सकता। पराया धन , पराया धन और पराया धन कहकर बार बार अपमान कर उसकी धज्जियां उड़ाई जाती हैं आने वाले समय में रागिनी की भी शादी हो गई परंतु नीता की इमेज हमेशा वैसी ही बनी रही जैसी एक बार रागिनी ने बना दी।

यह तो एक कहानी है पर ऐसा वास्तव में भी होता है। हमारे आसपास हमारे घर में परिवारों में ऐसा सब देखने को मिल ही जाएगा।

शादी के बाद एक पिता अपनी बेटी का हाथ वर के हाथ में इसलिए नहीं सौंपता कि ससुराल जाते ही उसका अपमान होना शुरू हो जाए या कोई उसे घर का सदस्य ही ना स्वीकार करें?

पिता वर के हाथ में केवल बेटी का हाथ ही नहीं देता बल्कि बेटी की पूरी ज़िम्मेदारी भी देता है।

नोट : नीता ने ससुराल में आते ही अपने आपको उस परिवार में शामिल कर लिया और हर वक्त उनके साथ खड़ी रही। उसने बहुत कोशिश की कि उस परिवार का हिस्सा बन पाएं और उसे परिवार का हिस्सा समझा भी जाए; पर सास ने नीता को कहीं भी टिकने नहीं दिया। अपनी ननद के बारे में उसका उचित सोचना नीता के लिए ही गले की फांस बन गया।

अब वह कहे भी तो क्या क्योंकि लड़कियों को मायके ही से सिखाकर भेजा जाता है "अब ससुराल ही उसका घर है।"

पर ससुराल में आते ही बेगानों सा बर्ताव बेटी को तोड़कर रख देता है और वह सारी उम्र उस आशियाने की तलाश करती रहती है जो शायद उसके लिए कभी बना ही नहीं।।

कब होगा घर मेरा?

कहीं दिखाई तो दे?

कुछ सुझाई तो दे?
चारों तरफ है सिर्फ अंधेरा
और घना अंधेरा
कब होगा घर मेरा?
बेटी फिर बहू रिश्ते बढ़ते जाते
सम्मान मिलता कम अपमान बढ़ते जाते
मायके में भी बेटी पराई हो जाती,
ससुराल में भी अपना कुछ वह कह नहीं पाती।
चारों तरफ है सिर्फ अंधेरा
और घना अंधेरा
कब होगा घर मेरा?
(एक प्रश्न बहनों के लिए, समाज से....कब होगा कोई एक घर औरत का?)

शादी पर खर्च व साज- सजावट/ डेकोरेशन

आजकल शादियों में लोगों द्वारा करोड़ों रुपये खर्च कर साज– सज्जा व सजावट पर ध्यान दिया जा रहा है। यहाँ तक की पारिवारिक सम्बन्धियों, रिश्तेदारों और आस पड़ोसियों तक में यह बात आ चुकी है कि उसने इतना खर्च किया; मैं उससे अधिक खर्च करुंगा और मेरे मंडप की सजावट उससे अधिक सुंदर होगी; ऐसी बढ़िया सजावट होगी जिसकी लोग प्रशंसा किए बिना नहीं रह पाएंगे।

एक दूसरे से अधिक खर्च करने की होड़ एक दूसरे से आगे निकलने की होड़।

एक दूसरे को नीचा दिखाने की होड़।

एक बात समझ में यह नहीं आती कि महत्वपूर्ण दूल्हा– दुल्हन हैं या फिर सजावट?

इतने लोगो को बुलाया ही क्यों जाएं?

क्यों इतना धन लुटाया जाए?

कुछ लोगों से इस विषय पर मेरी जब बात हुई तो वे बोले," शादी जीवन में एक बार ही तो होती है दिल खोलकर खर्च करना चाहिए।"

कुछ अन्य लोगों की प्रतिक्रिया यह थी, "हम भी लोगों के घर शादी ब्याह में गए हुए हैं और शगुन भी दिया है इसलिए हमें भी अपना दिया शगुन वापिस लेना है तो इसलिए ही हम लोगों को शादियों में आमंत्रित करते हैं।"

मान लेते हैं शादियों व उत्सवों में अपना दिया हुआ शगुन (धन) आदि वापिस पाने के लिए मेहमानों को बुलाया जा रहा है पर इतना डेकोरेशन कि पूछो मत। अरे भई! इतना धन खर्च करने की आवश्यकता ही क्या थी?; शादी साधारण तरीके से भी की जा सकती थी?

लड़की के पिता को चाहिए कि चाहे कोई कुछ भी कहे या कुछ भी सोचे उन्हें शादी में सजावट उतनी ही करवानी चाहिए जितनी आवश्यक हो। बल्कि अगर सजावट ना भी करवाएं तब भी क्या फर्क पड़ेगा? शादी तो हो ही जाएगी ।पर समाज में एक बड़ी ही बुरी

व गंदी आदत है यह सोचना कि लोग क्या कहेंगे?

पिता को अपनी बेटी के भविष्य के बारे में विचार करना चाहिए। सजावट उतनी करवाओ जितनी में काम चल जाए। वरना सजावट का क्या है? पैसा फेंकते रहो, एक दिन , दो दिन, तीन दिन चाहे पूरा सप्ताह डेकोरेशन करवाए रखो। वेडिंग डिज़ाइनर के तो पैसे बन रहे हैं, वह तो यही चाहेगा कि जितना हो सके कस्टमर को लूटा जाए।

वेडिंग डिज़ाइनर :

बात करते हैं वेडिंग डिज़ाइनर की, जिसके साथ ही वेडिंग प्लानर और वेंडिंग कोऑर्डिनेटर की जो अपना अच्छा देने का प्रयास करते हैं। वे सभी अपना काम कम और अधिक पैसे में कर देते हैं। जैसा व जितना पैसा उनको दिया जाएगा वैसा ही काम व डेकोरेशन वह प्रस्तुत कर देंगे। जब ऐसा है तो फिर भला क्यों बार– बार अधिकाधिक धन खर्च करना? जितना कम में काम हो जाए उतना ही सही व श्रेष्ठ है।

आप यह सोचिए जिन माता पिता के पास केवल पुत्रियां ही हैं और इनकम भी साधारण है, यदि वह एक पुत्री की शादी की सजावट पर ही लाखों रुपये खर्च कर देंगे तो बाकी पुत्रियों के विवाह के लिए कहां से पैसा लाएंगे ?

भारत में औसतन एक शादी में लगभग एक से दो लाख रुपये खर्च हो ही जाते हैं।

एक शादी में खर्च एक व्यक्ति अपनी सामर्थ्य के अनुसार करता है। बहुत धनी व्यक्ति के लिए कोई मुश्किल नहीं कि वह कितनी व कैसा डेकोरेशन कराएं? मध्यमवर्गीय व्यक्ति भी अपनी हैसियत के हिसाब से खर्च कर लेगा परंतु यदि वह आगे दिखावा करने की कोशिश करेगा या अमीर व्यक्ति की नकल करेगा तो ज़ाहिर सी बात है क़र्ज़/ ऋण में दबकर रह जाएगा।

निम्नवर्गीय व्यक्ति के लिए शादी का खाना ही दे पाना बहुत मुश्किल होता है। ऐसे में डेकोरेशन पर फालतू खर्च वह नहीं कर पाएगा। पर समाज व वर पक्ष के सामने खुद को ऊंचा दिखाने के लिए वह ऋण पर ऋण लेता रहेगा और शादी पर धन खर्च कर देगा । जिसका नुकसान उसे शादी के बाद उठाना पड़ेगा। शादी हो जाने के बाद उसे उस उधार लिए धन को लौटाने में काफी परेशानियों का सामना करना पड़ेगा।

यदि सब वर्ग के लोग अपनी जेब देखकर खर्चा करें तो शायद सब लिमिट में हो जाए पर जो ये दिखावा आजकल लोगों पर छाया हुआ है यह बड़ा खतरनाक है। बारातियों के स्वागत के लिए वर पक्ष कन्या पक्ष पर दबाव डालते हैं कि उन्हें उपहार व धन की कुछ रकम दी जाए। इससे वर पक्ष का समाज व खानदान में बहुत नाम होगा कि देखो कितनी अच्छी जगह अपने बेटे का रिश्ता किया है। डेकोरेशन शानदार होगा तो शादी यादगार बन जाएगी; जो सालों याद की जाती रहेगी। पर इसका लाभ क्या है? इस प्रकार से महंगा डेकोरेशन याद करने से जो फालतू पैसा शादी में लगाया गया है क्या वह वापिस आ जाएगा? ऋण कौन चुकाएगा? सोशल मीडिया पर आजकल तरह तरह की शादी व डेकोरेशन के फोटो , वीडियो डाले जाते हैं। लोग उनसे प्रभावित होते हैं; पर यह भूल जाते हैं कि उनके पास तो खुला पैसा है। वे जो चाहे, कुछ भी कर लें, पर समाज पर इसका ग़लत असर पड़ता है और लोग सोचते हैं कि हम भी उनकी ही नकल करें।

यह सब देखकर या धारावाहिको में देखकर आम मिडिल व लोअर क्लास के लोगों को भी यही सब करने का मन करता है। तबकि उनके पास इतने पैसे होते ही नहीं हैं। पर दिखावे के लिए जेबों से अधिक यानि कि अपनी सामर्थ्य से अधिक धन/पैसा खर्च कर देते हैं। इससे जहां एक तरफ वाहवाही होती है वहीं दूसरी तरफ आर्थिक दिक्कतें आकर घेर लेती हैं जो जीवन भर पीछा नहीं छोड़ती।

यह बात मन से निकाल दीजिए कि कन्या है तो उसके विवाह में डेकोरेशन अच्छा होना चाहिए। नहीं जी हम आपको बता दें कि डेकोरेशन से कुछ नहीं होता अगर साधारण तरीके से भी विवाह किया जाए तब भी समाज व वर पक्ष उसे स्वीकारेगा। यह सब पहले ही तय कर लिया जाता है कि किस प्रकार से क्या कार्यक्रम करना है।

किस्सा :

हमारे मोहल्ले में एक अंकल रहते थे; उनके चार बेटियां थीं। अंकल जब तक नौकरी करते रहे, घर अच्छी तरह से चलता रहा। रिटायर होते ही घर की स्थिति थोड़ी गड़बड़ाने सी रहने लगी। रिटायरमेंट से पूर्व एक भी पुत्री का विवाह ना हो पाना, सबसे बड़ा ग़म , अंकल को अंदर ही अंदर खा गया और वह दिल के मरीज़ हो गए। इस बीच अंकल को

एक बार दिल का दौरा भी पड़ चुका था। दो बेटियों ने किसी तरह शिक्षा के साथ साथ ही एक प्राइवेट कम्पनी में छोटी–मोटी नौकरी कर ली जिससे अंकल को सहारा मिल सका और वह स्वयं पर थोड़ा ध्यान दे पाए।

उसी मोहल्ले के लोगों ने जब यह सब देखा तो उनकी बड़ी बेटी के लिए रिश्ता बताना शुरू किया और एक माह में बड़ी बेटी का रिश्ता पक्का हो गया। अब शादी का खर्च कैसे होगा इसका प्रबंध भी मोहल्ले वालों ने कर दिया। उन्होंने पैसे इकट्ठे किए और थोड़ी बहुत लागत में बेटी का विवाह सम्पन्न करवाया। वर पक्ष ने कोई विरोध नहीं किया कि डेकोरेशन लाख रुपये का क्यों नहीं है?

दहेज क्यों नहीं दिया?

कोई ऐसी बात हुई ही नहीं। आज अंकल की बड़ी बेटी और दामाद ने मिलकर छोटी बहनों का विवाह भी करवा दिया। वो भी साधारण तरीके से। मेहमान भी उतने जो बहुत आवश्यक थे। इसके अतिरिक्त कोई डेकोरेशन नहीं। सब शादियां मंदिर में जाकर सम्पन्न हुई। भगवान जी का आशीर्वाद है कि अब सब कुछ अंकल के नियंत्रण में आ चुका है।

नोट :

फ़ालतू मत खर्च करो , और ना ही कन्या पक्ष से करवाओ। पैसा बचाओ, कल काम आ जाएगा। यह सजावट एक दिन की है जो लाखों रुपए खर्च करवा देती है। इससे अच्छा तो यही है कि अपनी कन्या के बैंक बैलेंस को बढ़ाओ, ना कि डेकोरेशन पर उड़ाओ।।

शादी और भोजन की बरबादी

हमारे देश भारत में शादी विवाह को एक उत्सव की तरह मनाए जाने की परम्परा रही है। इन सबमें होने वाले भोजन की बर्बादी से हम सब वाकिफ हैं। इन अवसरों पर ढेर सारा खाना कचरे में चला जाता है। होटलों में भी हम देखते हैं कि काफी मात्रा में भोजन जूठन के रूप में छोड़ दिया जाता है। मनुष्य का पेट एक सीमा तक ही भोजन ग्रहण कर सकता है परंतु शादी ब्याह में लगभग 300 से 400 आइटम बनाए जाते हैं। व्यक्ति जानता है कि किसी भी शादी में वह दस आइटम से अधिक नहीं खा पाएगा परंतु एक लालच उसके मन में होता है कि 'अधिक से अधिक चीज़ें मैं खा लूं।' यही अधिक की चाह उसकी प्लेट को कम से कम दस बारह आइटमों से भर देती है और वहां जब उससे नहीं खाया जाता तो अधिकांश चीज़ें डस्टबीन में फेंकनी पड़ती हैं। एक लालच; नया कुछ चख लेने की चाहत व्यक्ति द्वारा काफी भोजन को बर्बाद कर देती है। इस भोजन की बरबादी के लिए कई सामाजिक संगठन आगे आए हैं और सरकार ने भी काफी चिंता जताई है।

वैसे तो किसी भी धर्म में भोजन की बरबादी पाप समझा जाता है परंतु फिर भी लोग इस पाप को करने में कोई शर्म महसूस नहीं करते इसका एक कारण है,,,

"कौन सा भोजन हमारी जेब से आया है? शादी ब्याह का है ; जब शगुन दिया है तो खूब उड़ाओ।" इस प्रकार की मानसिकता व्यक्ति को भोजन बर्बाद करने पर दुखी नहीं होने देती बल्कि बढ़ावा देती है; जो बहुत शर्मनाक बात है।

बहुत से देशों से ऐसी खबरें आती हैं जिसमें खाद्यान्न की लूटपाट एवं संकट की बातें कही गई होती हैं। पर वहां भोजन की बर्बादी देखने को नहीं मिलती। भूखें लोगों द्वारा भोजन लूटने की घटनाओं से एक बड़ी मानवीय त्रासदी का पता चलता है।आप स्वयं सोचिए कि एक व्यक्ति जिसके पास भोजन बर्बाद करने को हैं और दूसरा वह व्यक्ति जिसकी बिना भोजन सूखती अंतड़ियां उसे मरने पर मजबूर कर रही हैं या उसे रोटी चुराने की ओर बढ़ावा दे रही है। वह भूखा व्यक्ति भी क्या करें? कहां जाएं अपना पेट लेकर ? एक तरफ खाने की बरबादी और दूसरी ओर खाने के लिए हाहाकार। समाज में

जो अमीर वर्ग हैं वह यह क्यों नहीं समझते कि बाहर जो भूखा व्यक्ति रहता है या बैठा है उसे ही भोजन दें दिया जाए। लोगों में संवेदनशीलता का अभाव यह दर्शाता है कि गरीब आदमी चाहे भूख से मर जाएं पर कुछ अमीर वर्ग को उनकी सहायता नहीं करनी क्योंकि दुनिया में दिखावा बहुत हो गया है। लोग एक दूसरे से आगे निकलने की होड़ में अपने पीछे कमज़ोर व मजबूर को छोड़ देते हैं उस ओर कोई ध्यान नहीं देता।

अभी कुछ दिन पूर्व सोशल मीडिया पर एक दो पोस्ट देखी थी। जिसमें पांच लोगों द्वारा एक गरीब आदमी को एक केला दिया जा रहा था और पांचों व्यक्तियों ने उस केले को हाथ से स्पर्श किया हुआ था। इसी प्रकार से कंबल की भी एक पोस्ट सामने आई थी। एक धनी व्यक्ति ने रेलवे स्टेशन पर एक व्यक्ति को कंबल दिया। कमाल तो तब हुआ जब फोटो खिंचवाने के बाद उसने/धनी व्यक्ति ने अपना दिया कंबल वापिस ले लिया।

गरीब चिल्लाता रहा गया कि उसे कंबल दे दिया जाए पर अमीर ने उस ओर कोई ध्यान ही नहीं दिया। आजकल दिखावे की सहायता रह गई है। लोगों को जैसे मृत्यु से डर ही नहीं लगता। सब यही सोचते हैं कि उन्हें हमेशा इस धरती पर जीवित रहना है।

हम बात कर रहे थे विवाह में होने वाले खाने की....

विवाह और खाने की बरबादी:

दोस्तों! हमें यहां यह बताने की आवश्यकता ही नहीं है कि सबसे अधिक खाना कहां बर्बाद होता है। आप सभी जानते हैं कि भोजन की बर्बादी का सबसे बड़ा कारण भारतीय शादियाँ हैं। शादियों में जिस तरह से खाना खाया जाता है और बर्बाद किया जाता है, वह हर किसी के लिए आंखें खोलने वाला होता है। शादियों में भोजन की अतिरिक्त मात्रा तैयार की जाती है, जिससे कि खाना कम ना रह जाए और प्रत्येक मेहमान अच्छी तरह से भोजन खाकर जाएं। परंतु लोग यह भूल जाते हैं कि उनका पेट एक ही है और प्लेट में कुछ ही आइटम लेने से उनका पेट आराम से भर जाएगा परंतु जीभ चटोरी होती है और अधिकतर मेहमान यह सोचते हैं कि यदि शादी में आइटम अधिक हैं तो अधिक से अधिक खा लिए जाएं। लोग हर चीज़ का उतना ही स्वाद लेना पसंद करते हैं जितना वे ले सकते हैं। हम सभी ने देखा है कि खाना कूड़े में फेंक दिया जाता है, इसलिए नहीं कि वह बासी

होता है, बल्कि वह पहले से खाये गए भोजन से अधिक होता है और समझ में नहीं आता कि इसका क्या किया जाए? और यह नियमित रूप से शादी या किसी समारोह के अंत में होता है। इसको आरम से कूड़ेदान में फेंक दिया जाता है।अरे! उस पिता से पूछो जिसने कन्या का विवाह करने के लिए जाने किस किस से क़र्ज़ लिया होगा ? यहां हम मध्यमवर्गीय व निम्नवर्गीय परिवार की बात कर रहे हैं। चलो मान लिया कि मध्यमवर्गीय परिवार के पास इतना धन होगा भी कि वह खाने की व्यवस्था सुचारू रूप से कर दे परंतु इसका अर्थ यह भी नहीं कि खाना बर्बाद ही हो जाए? खाना बर्बाद करने से पहले उस बच्चे या व्यक्ति की ओर एक बार देख लीजिए जो भूखा है और जितने कई दिनों से भोजन चखा तक नहीं है।

भूख है सबसे बड़ा धर्म
रोटी ही भगवान है।
करती शांत भूख सबकी,
सबसे बड़ा यही ईमान है।
गरीब हो या अमीर
भूख सबको लगती है,
कोई खाता पकवान यहाँ,
किसी को रोटी सूखी मिलती है।
क्यों ना हो ऐसा कि यह भूख
लगनी ही बंद हो जाए।
ना लड़े दुनिया रोटी के लिए
सब जगह शांति हो जाए।
भूखा बच्चा खाता रोटी,
कूड़ेदान से निकालकर।
शादी उत्सव में क्यों ये रोटी
फेंकते प्लेट से निकालकर?

ज़रा कर लो विचार इस पर
क्यों अनमोल रोटी फेंकी जाएं?
जिनको नहीं मिलती,
उनसे रोटी की कीमत पूछी जाए।
संसार में भूख
सबसे बड़ा रोग है
ना कोई दवाई इसकी,
ना ही इसका डाक्टर है।

हम सभी जानते हैं कि आज घी, मांस, चीनी और सब्जी आदि के रेट दिन-ब-दिन नए कीर्तिमान छू रहे हैं। फिर भी जो भोजन शेष रह जाता है उसे कूड़ेदान में फेंक दिया जाता है।

भारतीय संस्कृति में विवाह बहुत महत्वपूर्ण माना गया है और है भी। जीवन में सबसे बड़ा काम विवाह का ही होता है। इसे बड़े उत्साह के साथ पूर्ण किया जाता है। इस दौरान जो भोजन बर्बाद होता है उस तरफ ध्यान कम ही जाता है क्योंकि लोग दिखावट पर अधिक ध्यान देने लगें हैं।

वर पक्ष का दिखावा :

वर पक्ष को यह दिखावा करना बहुत अच्छा लगता है जिससे पूरे खानदान में उसकी नाक सबसे ऊंची रहे। वर पक्ष चाहता है कि खाने के आइटम इतने अधिक हों कि उनकी पूरे खानदान में जय-जयकार हो जाए। कहीं पर ऐसा भी देखा गया है कि वर पक्ष द्वारा विवाह में दिए जाने वाले खाने का ब्यौरा दिया जाता है। कितने खाद्य पदार्थ होंगे? आइटम होंगे?

कितना नमकीन, कितना मीठा आदि सबकुछ वर पक्ष ही निश्चित करता है।

पर क्या कभी उस गरीब पिता से किसी ने पूछकर देखा है कि उसने कितनी मुश्किल से खाने की व्यवस्था की होगी?

ख़ैर लोगों को खाना खाने से मतलब है कोई यह कभी नहीं सोचता या देखता कि

किसने किस प्रकार से इसका इंतेज़ाम किया होगा?

लोगों को विवाह समारोह में अपनी प्लेट भरी मिलनी चाहिए बाकी किसी से उन्हें कोई मतलब नहीं।

किस्सा :

एक किस्सा याद आ गया अचानक; जो इसी से सम्बंधित है। एक दिन हम एक शादी में गए। जिस टेबल पर हम बैठे थे उसी टेबल पर कुछ जगह होने के कारण एक अन्य परिवार भी आकर बैठ गया, साथ में तीन बच्चे भी थे। हमने नोटिस किया कि वह परिवार अपने बच्चों से खाने का तरह तरह का सामान मंगवा रहे थे और आधा खाकर छोड़ देते थे। बच्चों ने आइसक्रीम ली; उसे ऐसे ही टेबल पर बिना खाए छोड़ दिया। जब आईसक्रीम ले ली तो हॉट कॉफी की क्या आवश्यकता थी? वो भी ले ली और सबसे बुरी बात, ना कॉफी पी और ना ही आईसक्रीम ही खाई। दोनों बर्बाद हुए। माता पिता ने बच्चों को कुछ नहीं कहा क्योंकि वह खुद ऐसा ही कर रहे थे। उस परिवार ने खाने को इतना बर्बाद किया कि क्या बताएं? आप स्वयं अंदाजा लगा सकते हैं। आप ने भी देखा ही होगा कि किस प्रकार से लोग खाने की बरबादी करते हैं?

खाना जिसके लिए दुनिया जीती है, उसी का अपमान? भला फिर क्या रह गया संसार में? यह वो परिवार था जिसे हमने देखा। शादी ब्याह में ऐसा अक्सर होता ही है; मेहमान अपनी प्लेट में बहुत सारा खाना डाल लेते हैं और जब उनसे नहीं खाया जाता; तब चुपके से पास रखें डस्टबिन में फेंक देते हैं। क्या उन्हें ऐसा करते दर्द नहीं होता? पर नहीं उनपर कोई फर्क नहीं पड़ता क्योंकि उनका कुछ खर्च नहीं हुआ ; जिसका हुआ वह खुद देखेगा। ऐसी तुच्छ मानसिक सोच वाले होते हैं इस प्रकार के कुछ लोग।

शादी का खाना / क्यों इतना बनवाया जाए?

शादी में खाना इतना बनवाया की क्यों जाता है कि वो व्यर्थ जाए? इतना खाना बनवाना चाहिए कि सब मेहमान आराम से खाएं और खाना वेस्ट भी न हो। आजकल समय बदल चुका है; घर में कोई छोटा कार्यक्रम भी होगा तो खाने का ढेर लगा दिया जाएगा। खाना खिलाने वाले भी मौके पर गायब हो जाते हैं। आने वाले मेहमानों को कोई यह नहीं कहता

कि 'कृपया खाना उतना ही लें जितना आप खा सकते हो।'

होटल , बैंक्वेट हॉल आदि में जब शादियां कराई जाती हैं तो सबका पैसा फिक्स होता है उनकी अपनी ज़िम्मेदारी होती है। एक प्लेट के अनुसार होटल वाले अपना पैसा वसूल करते हैं। ऐसे में होटल वालों को कोई फर्क नहीं पड़ता कि कोई चाहे खाना खाए या गिराए क्योंकि उन्हें तो प्लेट के अनुसार पैसा मिल ही जाता है।

आजकल खाने की वैरायटी भी काफी होती हैं चाट अलग, चाइनीज़ फूड अलग, इंडियन फूड, साऊथ इंडियन फूड आदि प्रकार के भोजन सजे होते हैं।

सर्वे के अनुसार देश में हर साल करीब 1 करोड़ शादियों में करीब 10 से 20% खाना बर्बाद हो जाता है। इसे आसान भाषा में कहा जाए तो मोटे तौर पर एक शादी में करीब 30 किलो से लेकर 800 किलो तक खाना फेंक दिया जाता है। मतलब एक शादी में जितना खाना फेंक दिया जाता है उससे ही करीब 100 लोगों से लेकर 2 हज़ार लोगों का पेट भरा जा सकता है।

भारत जैसे देश में सब एक जैसे नहीं हैं यहां कुछ बहुत अमीर हैं तो कुछ बहुत गरीब भी हैं। एक तरफ करोड़ों लोग दाने-दाने को मोहताज हैं, कुपोषण के शिकार हैं, वहीं रोज लाखों टन भोजन की बर्बादी एक विडंबना है। एक रिपोर्ट में खुलासा हुआ है कि भारत में बढ़ती संपन्नता के साथ ही लोग खाने के प्रति असंवेदनशील हो रहे हैं। खर्च करने की क्षमता के साथ ही खाना फेंकने की प्रवृत्ति बढ़ रही है। समस्या की शक्ल लेती यह स्थिति चिंताजनक है। विश्व खाद्य संगठन की एक रिपोर्ट के अनुसार दुनिया का हर 7वां व्यक्ति भूखा सोता है। विश्व भूख सूचकांक में भारत का 67 वां स्थान है। देश में हर साल 25 .1 करोड़ टन खाद्यान्न का उत्पादन होता है लेकिन हर चौथा भारतीय भूखा सोता है। इंडियन इंस्टीट्यूट ऑफ पब्लिक एडमिनिस्ट्रेशन की एक रिपोर्ट के मुताबिक भारत में हर साल 23 करोड़ टन दाल, 12 करोड़ टन फल और 21 करोड़ टन सब्जियां वितरण प्रणाली में खामियों के कारण खराब हो जाती हैं।

विश्व खाद्य संगठन के मुताबिक हमारे देश भारत में हर साल 50 हजार करोड़ रुपए का भोजन बर्बाद होता है। जिसका दुष्प्रभाव देश के प्राकृतिक संसाधनों पर पड़ता है।

हमारा देश पानी की कमी से जूझ रहा है लेकिन अपव्यय किए जाने वाले इस भोजन को पैदा करने में इतना पानी व्यर्थ चला जाता है जिससे 10 करोड़ लोगों की प्यास बुझाई जा सकती है। होटल–रेस्तरां के साथ ही शादी–ब्याह जैसे आयोजनों में सैकड़ों टन भोजन बर्बाद हो जाता है। सरकार को शादियों में मेहमानों की संख्या के साथ ही परोसे जाने वाले व्यंजनों की संख्या सीमित करने पर विचार करना चाहिए। बल्कि हम सरकार ही को क्यों कहें हमें स्वयं अपने उत्सवों में इस प्रकार के भोजन की बर्बादी को रोकना चाहिए। अपने घर परिवार में अपने बच्चों में शुरू से यह आदत डालें कि उतना ही भोजन थाली में परोसें जितने की भूख हो। इस बदलाव की प्रक्रिया में धर्म, दर्शन, विचार एवं परंपरा का भी योगदान एक नए परिवेश को निर्मित कर सकता है।

बचे भोजन का क्या करना चाहिए?

सबसे पहले जो भी भोजन सब मेहमानों के बचने के बाद बच जाता है जो एक दम सही होता है; उस भोजन को अपने रिश्तेदारों, पड़ोसियो व जो घर में कर्मचारी काम करते हैं उनको, व जो शादियों में काम कर रहे हैं उन्हें, जुग्गी झोपड़ी वालों आदि को दे देना चाहिए। पास में जो भी अनाथाश्रम हैं, वृद्धाश्रम हैं वहां भिजवा देना चाहिए। इससे खाना बर्बाद नहीं होगा। अब बात आती है झूठे भोजन की की, वो खाना जो लोग अपनी प्लेटो में ले तो लेते हैं परंतु पूरा खा नहीं पाते और वो डस्टबिन में डाल देते हैं। यह न केवल भोजन का अपव्यय है, बल्कि अन्न का अपमान भी है। इस खाने को इकट्ठा करके एक ऐसे ग्राउंड में ले जाकर रख देना चाहिए जहां कुत्ते, बिल्ली, पशु–पक्षी आदि आते–जाते हों जिससे कि वे सभी उस भोजन को खा सकें अन्यथा वह भोजन पड़े पड़े खराब हो जाएगा और उसमें कीड़े पैदा हो जाएंगे। फिर वह किसी के भी खाने योग्य नहीं बचेगा।

नोट : बिटिया की शादी में जो भी खाना बनाया जाता है, उसकी कभी बुराई नहीं करनी चाहिए। वर पक्ष को भी वधु पक्ष पर कभी यह दबाव नहीं डालना चाहिए कि खाने में 300 या इससे अधिक आइटम हों क्योंकि इन सबमें बहुत खर्च होता है। खाना उतना ही बनवाया जाए जितना खाया जा सके। वधु को कभी भी ससुराल में मे यह नहीं कहा जाए कि उसकी शादी का खाना अच्छा नहीं था या कम आइटम थे। एक पिता के लिए यह बहुत

हिम्मत की बात होती है कि वह अपने जिगर के टुकड़े को किसी दूसरे को सौंप देता है और जीवन भर अपनी बेटी को याद करता है। यदि पिता के वश में हो तो कभी भी अपनी बेटी को अपने से अलग ना करें ; पर क्या करें ये रीत ही ऐसी है।

मत करो बुराई खाने की,मत करो बर्बाद पैसा,
उतना ही पकाओ खाना , जितना से जाए प्लेटो में जैसा।
बहुत मुश्किल से अन्न उगाया जाता है
अन्न को फिर कठिनाईयों से ही पकाया जाता है
क्या कुछ खर्च नहीं होता भोजन पकाने में?
प्रकार- प्रकार के मसालों आदि से भोजन को बनाया जाता है।

महान पुरूषों के भोजन के बारे में विचार :

1. "भोजन के प्रति प्रेम से अधिक सच्चा कोई प्रेम नहीं।" -जॉर्ज बेनार्ड शॉ
2. "एक ही चीज जो मुझे बातें करने से भी ज्यादा पसंद है, वो है खाना।" -जॉन वॉल्टर
3. "आप वो हो जो आप खाते हो।" -माइकल पोलन
4. "स्वास्थ्य ही वास्तविक धन है ना कि सोने-चांदी के टुकड़े।" -महात्मा गांधी
5. "सुबह का नाश्ता राजा की तरह, दोपहर का भोजन राजकुमार की तरह और रात का खाना रंक की तरह करें।" -एडेले डेविस
6. "शरीर को स्वस्थ रखना हमारा कर्तव्य है, वरना हम अपने मन को मजबूत व स्पष्ट नहीं रख पाएंगे।" -बुद्धा
7. "आपका आहार एक बैंक खाता है और अच्छे भोजन का चयन अच्छा निवेश है।"-बेथेनी फ्रेंकल
8. "अच्छी सेहत के लिए अच्छा खाना जरूरी है।" -रोजर विलियम्स
9. "जो दवाइयों लेता है और खाने की उपेक्षा करता है वह अपने डॉक्टरों के कौशल को बर्बाद करता है।" -चीनी कहावत

10. "भोजन हमारा सामान्य आधार है, एक सार्वभौमिक अनुभव है।" – जेम्स बियर्ड
11. "अच्छी रोटी सभी खाद्य पदार्थों में सबसे मौलिक रूप से संतुष्टिदायक है; ताज़े मक्खन के साथ अच्छी रोटी, सबसे बड़ी दावत!" –जेम्स बियर्ड
12. . "बड़ी, नग्न, कच्ची गाजर केवल उन लोगों के लिए भोजन के रूप में स्वीकार्य है जो झोपड़ियों में रहते हैं और ईस्टर का बेसब्री से इंतजार करते हैं।" – फ़्रैन लेबोविट्ज़
13. "अच्छे डिनर के बाद कोई भी किसी को भी माफ कर सकता है, यहां तक कि अपने रिश्तेदारों को भी।" – ऑस्कर वाइल्ड
14. "खाना फेंकना गरीबों और भूखे लोगों की मेज से चोरी करने जैसा है।" – पोप फ्रांसिस
15. 15. "हम वह खाना उगाने के लिए अपनी ज़मीन को बर्बाद कर रहे हैं जिसे कोई नहीं खाता।" – ट्रिस्ट्राम स्टुअर्ट.

बहू के मायके की बुराई

बहू ससुराल की हुई अब
मायके की बुराई क्या करना?
अपनी बहू को दुख भला क्यूं देना?
बहू को क्यूं फिर ताने सुनाना?
मायके में बचपन बीता
कैसे भूल सकेगी बेटी?
मायके की बुराई भला कैसे?
और क्यूं सह सकेगी बेटी?
जिस प्रकार ससुराल घर पति का
मायका भी बेटी को प्रिय है
क्यों करते बुराई मायके की?
क्यूं बहू को दुख ये देते हैं?

यह कहानी कोई नई नहीं है। सदियों से यह सब चलता आ रहा है। शुरू में जब बहू नई नवेली होती है तो ससुराल में सब लोग उसे लाड़ करते नज़र आते हैं परंतु जैसे जैसे समय आगे को बढ़ता जाता है वैसे ही सास व ननदों द्वारा बुराइयां करनी शुरू कर दी जाती हैं।

कहानी : मायका खराब है

शिल्पी पांच बहनों में सबसे छोटी थी और लाडली भी। चारों बहनें शिल्पी को बहुत प्यार करती थीं। शिल्पी की शादी में भी सब बहनों ने मिलकर दहेज का सामान दे दिया था। पापा अब ठीक नहीं रहते थे। सेहत गिरती जा रही थी। मम्मी भी काफी बूढ़ी हो चली थीं। बहनों ने मिलकर शिल्पी के लिए वर ढूंढा और उसका विवाह कराया। शिल्पी की शादी अनुज के साथ बड़ी धूमधाम से सम्पन्न हुई। कोई भाई नहीं था तो बड़ी बहनों और उनके पतियों ने मिलकर शिल्पी के विवाह में कोई कमी नहीं होने दी।

अनुज अपने घर में इकलौता लड़का था और उसकी तीन बहनें थीं जिनकी शादी हो चुकी थी पर मायके में तीनों बहनों की पकड़ अधिक थी। शिल्पी दुल्हन बनकर ससुराल आई। तीनों ननदों और सास ने अपने ही रिश्तेदारों के विरुद्ध उसके कान भरने शुरू कर दिए।

छोटी ननद बोली, " शिल्पी भाभी वो जो चाचा जी हैं उनकी लड़की और चाची से बिल्कुल बात मत करना; वो अच्छे लोग नहीं हैं।" दोनों ननदों ने हां में हां मिला दी।

ऐसे भी उन्होंने रिश्तेदारों के बारे में ग़लत गलत बोलकर शिल्पी के कान भर दिए।

शिल्पी को कुछ समझ में नहीं आ रहा था कि क्या करें? अनुज सुबह आफिस चला जाता और पीछे घर में सास ससुर और शिल्पी रहते। घर में कोई भी मेहमान आता शिल्पी को उससे बात करना तो दूर, पास बैठने तक नहीं आज्ञा नहीं थी। मेहमान कहते, "क्या बात है बहू किसी से बात नहीं करती?" सास कहती," हम तो कहते हैं कि कर लिया कर बात; पर इसके मायके का यही रिवाज़ है। क्या करें अब ?"

शिल्पी को सुनकर बुरा लगता; पर वह क्या कर सकती थी? अभी नई थी घर में; ठीक से कुछ पता भी नहीं था। अपने मायके में बूढ़े माता पिता को कुछ कहकर परेशान भी नहीं करना चाहती थी।

अब कुछ दिनों से शिल्पी ने नोटिस किया कि प्रतिदिन कोई ना कोई ननद मुंह उठाकर मायके चली आती थी। शुरुआत के दिनों में तो ननदें इतना मायके नहीं आईं पर अब उनका आना- जाना निरंतर लगा ही रहता था।

सास ससुर पूरा समय उन्हीं से बात करते रहते थे। घर की कोई भी बात करनी हो शिल्पी को नहीं बताई जाती थी। सबकुछ ननदों ही से डिस्कस किया जाता था। शिल्पी ने अनुज से पूछा कि "रोज़ रोज़ कोई भी दीदी यहां चली आती हैं यह सब क्या है? क्या दीदी के ससुराल में मना नहीं किया जाता " अनुज ने अपनी मां से यह सब बताया। यह सब सुनकर घर में हंगामा तो होना ही था। सास ने शिल्पी को अलग सुनाया और तीनों ननदों ने तो शिल्पी का जीना ही दुश्वार कर दिया। अब शिल्पी के बारे में और मायके के बारे में तरह तरह की बातें पूरे मोहल्ले में फैलाई जाने लगीं। शिल्पी को जो दहेज शादी में मिला

था उसमें भी कमियां निकालनी शुरू कर दी। शिल्पी की बहनों ने शिल्पी को शादी में सभी सामान महंगा व उच्च क्वालिटी का दिया था जिसमें से कुछ सामान बहाने से शिल्पी की ननदों ने भी ले लिया था। शिल्पी ने उस समय मना किया तो उसे अनुज से यह कहकर खरी- खोटी सुनाई कि ,"बहनें कोई ग़ैर थोड़े ही हैं। अगर तुम्हारा थोड़ा बहुत सामान ले भी लिया तो क्या हुआ?"

अब इस घटना के बाद ससुराल द्वारा शिल्पी की बदनामी करनी लगभग शुरू की जा चुकी थी। शादी के दौरान मेहमानों को गिफ्ट में जो सामान वधु पक्ष की ओर से दिया गया; उसमें भी कमियां निकालनी शुरू कर दी। ननदों को सोने की अंगूठियां दी गई थी उनको हल्का बताना शुरू कर दिया। अब हर दिन शिल्पी के सामान में ससुराल वालों को कमियां ही दिखाई देने लगीं थीं।

दो वर्ष बाद शिल्पी ने एक पुत्री को जन्म दिया; इस बात का भी मुद्दा बना लिया गया।

घर में मेहमान आए। शिल्पी की नवजात बेटी को शगुन देने लगे तो सास तुरंत बोली, "बहू के बेटी हुई है, होगी भी क्यों ना? इसके तो मायके में ही पुत्र योग नहीं है फिर इसके पुत्र कैसे हो सकता था?"

यह सब सुनकर शिल्पी को बहुत दुख हुआ कि पढ़ें लिखे लोगों में आज भी यह विचार धारा है कि लड़की को जन्म देना एक स्त्री के हाथ में है।

यह बातें अक्सर हमारे घरों व घर के आसपास घटित होती हैं जिसमें समय समय पर मायके को निशाना बनाया जाता है। कभी मायके के खाने की बुराई, कभी कपड़े अच्छे न देने की बुराई, कभी शगुन में कम सामान देने के लिए बुराई।

किस्सा:

एक किस्सा याद आ गया। हमारे घर के पास एक परिवार रहता था। उनके घर बहू आई। कुछ ऐसा हुआ कि बहू के मायके वालों से ससुराल वालों की किसी बात पर कहासुनी हो गई। यहां पर बहू की कोई ग़लती नही थी परंतु ससुराल वालों ने बहू पर भी उसके मायके जाने से रोक टोक लगा दी। ससुराल वाले भले ना जाते पर उस घर की बेटी को इस प्रकार से रोकना कहां कि समझदारी थी?

मायके में बहू के पिता जी का अकस्मात निधन हो गया; तब भी ससुराल वालों ने बहू को उसके मायके नहीं जाने दिया। बहू बहुत रोई; गिड़गिड़ाई परंतु ससुराल वालों ने कहा ," अगर घर से बाहर एक कदम भी निकाला तो हमेशा के लिए यह घर छोड़ना पड़ेगा।" पति भी कुछ नहीं बोला, उसने भी अपने माता पिता का ही साथ दिया। बहू तड़पती रही, रोती रही किसी को भी उस पर दया नहीं आई और वह अपने पिता के अंतिम दर्शन तक नहीं कर पाई। बहू की क्या गलती?

उसे क्यों उसके मायके जाने से रोका?

क्यों उसका दिल तोड़ा?

ताने मारना और मायके को कोसना :

जब किसी लड़की का विवाह होता है, कुछ सालों बाद रिश्तेदारों आदि के द्वारा उसे ताने मारे जाते हैं। उसके मायके को भला-बुरा कहा जाता है। मायके के पारिवारिक सदस्यों को यह कहा जाता है कि वे जल्दी मर जाएं जिससे धरती का बोझ कम हो। समझ में यह नहीं आता कि ससुराल वालों को बहू से मतलब होना चाहिए ना कि मायके से।

कुछ बातें जो अक्सर बहू को कही व सुनाई जाती हैं और उसे मानसिक रूप से प्रताड़ित किया जाता है :

1. शादी के समय वर पक्ष का स्वागत अच्छी प्रकार से नहीं किया गया था।

2. मिलनी अच्छी नहीं की थी। पैसा बहुत कम दिया गया था और उपहार भी काफी हल्की क्वालिटी के थे।

3. किन्हीं क्षेत्रों में तो सर्दियों के मौसम में कंबल, स्वेटर, लोई, शॉल, गर्म सूट आदि साथ ही ऊपर रखकर शगुन के तौर पर कुछ रुपये दिए जाते हैं। गर्मियों के मौसम में भी कपड़ों के साथ कोई बड़ा आइटम व रुपये दिए जाते हैं। यह सब अगर बेटी को नहीं दिया जाता तब ससुराल और रिश्तेदारों द्वारा बहू को मानसिक रूप से परेशान किया जाता है और मायके को कंजूस, भूखा, भिखारी कहकर सम्बोधित किया जाता है।

4. मायके से मिली साड़ियों का रंग अच्छा नहीं है, कहकर बहू को ताना मारा जाता

है।

5. मायके से मिले दहेज में बर्तन पुराने फैशन के हैं, कहकर बहू को चिड़ाया जाता है।

6. "शादी में खाना अच्छा नहीं दिया गया था कहां ले जाएंगे तेरे माता पिता इतना पैसा?" ऐसा बहू को बोला जाता है।

7. "तेरा भाई भाभी कभी तुझसे मिलने नहीं आते? हम सब जानते हैं खाली हाथ कैसे आएंगे और उनकी औकात ही नहीं है जो हम सबके लिए उपहार ले आएं।" कहकर बहू को निशाना बनाया जाता है।

8. अगर भाई जल्दी -जल्दी से बहन से मिलने आ जाए तो कहा जाता है कि "तेरा भाई जल्दी जल्दी मिलने आता है और खाली हाथ चला आता है। इतनी तमीज़ नहीं कि जीजा के लिए कुछ ले आए।"

9. बहू को नसीहत ,"मायके वाले जब भी आएं तो कह देना कि मिठाई और कपड़े साथ लाएं।"

10. अगर बहू मायके जाना चाहे तो कह देते हैं मायके नहीं जाना क्योंकि अभी ननदें रहने आ रही हैं घर का काम कौन करेगा?

11. अपने पिता से कह देना कि अगले महीने ननद की शादी है तो एक सोने का गहना बनवाकर हमारे घर भिजवा दें ।

12. मायके वाले जब अपनी बेटी से मिलने उसकी ससुराल आते हें तब लंच या डिनर में अधिक वैराइटीज नहीं बनाई जाती बल्कि यह कह दिया जाता है कि ,"बहू इतना कुछ खाने से तेरे माता-पिता का पेट खराब हो जाएगा।"

13. मायके वालो के चले जाने के बाद बहू को फिर ताना मारा जाता है कि "कितना भर-भरकर अपने घरवालों को खिला रही थी। क्या ज़रूरत थी इतना कुछ खिलाने की उन्हें? अरे वे लड़की वाले हैं और उन्हें बेटी के ससुराल का कुछ भी नहीं खाना चाहिए।"

14.बहू छुट्टियो में अपने बच्चों के साथ अपने मायके जाती है तो उसे कहा जाता है "सुन, अपनी बहन या भाई के बच्चों के लिए ज़्यादा उपहार मत लेकर जाना और हां कोशिश करना कि वे लोग तुझे और हमें खूब सारा सामान दें और हां सब ले लेना

समझी।"

15. भाई की शादी होगी तब भी बहू के ससुराल वाले यही उम्मीद करेंगे कि सोने के गहने व कपड़े उन्हें मिल जाएं।

16. बहू के बच्चा होने पर उसके माता पिता से रुपये, सोने के गहने , मिठाई और यहां तक की अस्पताल का बिल तक लेने की पूरी प्लानिंग की जाती है।

17. बहू के भाई को दहेज में यदि फ्लैट मिल गया तो बहू को यह ताना मारा जाता है कि" तेरे पिता के पास क्यों नहीं था इतना पैसा जो तुझे भी दहेज में एक फ्लैट दे देते? रहना तो तुझे ही था अपने पति के साथ, हम कौन सा साथ रहते?"

18. ससुराल में बहू के खाने में कमियां निकाली जाती हैं। "तुझे तेरी मां ने खाना बनाना भी नहीं सिखाया। ना नमक का स्वाद, ना मिर्च का पता।"

19. "हमारे यहां बहुएं घर में सबसे आखिर में खाना खाती हैं। अब तू मायके में नहीं है बल्कि ससुराल में है इसलिए हम सबके खा लेने के बाद खाना खा लेना।" यह कहा जाता है।

20. छोटा बच्चा है और बहू रोटी सेंक रही है। बच्चे ने पोटी कर दी तो बहू ही को गैस बंद कर बच्चे की पोटी धोनी पड़ेगी क्योंकि यह ससुराल है, मायका नहीं। मायके में बेटी के लिए बहन, मां पिता सब होते हैं पर ससुराल में कोई भी साथ देने वाला नहीं होता। सब बहू को कोल्हू के बैल की तरह इस्तेमाल करना चाहते हैं।

21. इसके अतिरिक्त बहुत सी बातें ऐसी हैं जो हमारे घर परिवार में बहुओं के साथ आए दिन घटित होती हैं। जैसे दहेज के लिए बहू को मारना पीटना, जलाने की बात करना या पुत्र पैदा ना कर पाने के बाद तलाक देने की धमकी देना आदि बहुत सारी बातें हैं।

बहू ससुराल का एक हिस्सा :

एक बात समझ में नहीं आती कि जब शादी हो गई और बहू अब ससुराल की हो चुकी है फिर यह सब बातें क्यों कुरेदी जाती हैं? क्या मिलता है इन सबसे ? ससुराल वालों को यह बात समझनी चाहिए कि बहू भी किसी की बेटी है और उसके सीने में भी दिल धड़कता है। उसे प्यार दोगे तो वह मायके को भूल जाएगी और ससुराल में अपनेपन के साथ

रहेगी। हमने कुछ ऐसे ससुराल वाले भी देखें हैं जो बेटियों को तो महत्व देते हैं पर बहू को अपना नहीं समझते।

मेरी एक सहेली है वह किराए के मकान में रहती थी। एक दिन उससे मेरी इस प्रकार की बातों पर चर्चा हुई तो उसने मुझे बताया कि उसके मकान मालिक अपनी बहू से सब बातों का पर्दा रखते थे। कहीं भी जाते थे तो बहू पर विश्वास नहीं करते थे। अगर सास ससुर को कहीं जाना होता तो सबसे पहले स्टोर व कमरों में ताला लगाकर जाते थे। बहू को अपनी अलमारी में घुसने भी नहीं देते थे। बहू को कभी कभी लगता था कि "ये लोग ऐसा क्यों कर रहे हैं क्या इनकी दृष्टि में मैं कोई चोर हूँ।" बहू पर विश्वास ना करना, बहू को कहीं ना कहीं यह अहसास करवा देता है कि वह ससुराल में कोई अंजान प्राणी है।

बहू पर करो भरोसा
ससुराल का वह हिस्सा है।
आई तुम्हारे घर
तुम्हारे बेटे का अब किस्सा है।
दोगे प्रेम मिलेगा प्रेम
यह बात मशहूर सदियों से
बहू ससुराल का हिस्सा है
परिवार का एक हिस्सा है।।
प्रेम दोगे बदले में मिलेगा प्रेम ही,
बहू ही से ससुराल के घर का चमकता हर कोना है।।

विधवा स्त्री का जीवन

सफेद रंग
जी हां यही वह रंग है जो,
एक विधवा स्त्री के लिए चुना गया है
पर क्यूं?
केवल स्त्री के लिए ही क्यूं?
एक विधुर पुरूष के लिए क्यों नहीं?
एक स्त्री जब अपने पति को
खो देती है विधवा कही जाती है,
तो एक पति भी तो अपनी पत्नी को खोने के बाद विधुर हुआ
फिर नियम स्त्री के लिए ही क्यूं?
पुरुष के लिए क्यूं नहीं?
विधुर के लिए तो कोई नियम नहीं हैं।
ना वस्त्रों के, ना खाने पीने के।
फिर एक विधवा को
क्यूं बांधा गया इन नियमों से?
आखिर क्या गुनाह हुआ उससे ऐसा?
विधवा होना कोई पाप तो है नहीं,
यह तो किसी के साथ भी हो सकता है।
विधुर का तो दूसरा विवाह करवा दिया जाता है
परंतु विधवा को ऐसा सोचना तक
पाप समझा जाता है।
'पाप लगेगा ऐसा सोचा भी तो'
यह कहकर चुप करा दिया जाता है।

उसकी भावनाओं को दबा दिया जाता है।
उसे यह कहकर
शांत करा दिया जाता है कि
भगवान जी रुष्ट हो जाएंगे।।
पुरुषों से क्यों नहीं होते भगवान जी रूष्ट?
यदि भगवान को
स्त्री ही से रूष्ट होना है तो
स्त्रियों को बनाया ही क्यों?
समाज में पुरुषो द्वारा....
जब इस प्रकार के भ्रम फैलाए गए
तब पुरूषों ने बिना स्त्री संसार क्यों नहीं बना लिया?
क्यों नहीं बिना स्त्री अपने घरों को सजा लिया?

एक पुरूष जिसकी पत्नी की मृत्यु हो चुकी हो "विधुर" कहलाता है और पति की मृत्यु हो जाने के बाद स्त्री "विधवा" कही जाती है। यह बात हम सभी भली-भाँति जानते हैं। हमने यह भी देखा है कि एक विधवा स्त्री बिना पुरूष के अपना जीवन व्यतीत कर सकती है परन्तु एक पुरूष बिना स्त्री के नहीं जी पाता या नहीं जीना चाहता। बहुत कम देखने को मिलेगा जब एक पति अपनी पत्नी की मृत्यु के बाद दूसरा विवाह नहीं करता या किसी स्त्री का सहारा नहीं लेता। सबसे बड़ी बात यह है कि समाज और परिवार भी विधुर को ऐसा करने से नहीं रोकता। विधुर पुरूष विवाह करता है और एक स्त्री के साथ आगे का जीवन व्यतीत करता है।

विधवा स्त्री से विवाह:
समाज व परिवार करता विरोध क्यूं?

हमने देखा है कि यदि कोई पुरुष या युवक एक विधवा स्त्री से शादी करना चाहता है; समाज व परिवार उसके विरोध में खड़े हो जाते हैं। एक विधवा के साथ विवाह के बारे में एक लड़के के लिए सोचना ज़हर के समान समझा जाता है।

जबकि यदि कोई कन्या किसी विधुर से शादी करना चाहती है तो कोई अधिक कुछ नहीं कहता/ बोलता। हमने काफी फिल्मों में भी इस प्रकार के सीन देखें हैं जिसमें एक लड़का यदि किसी विधवा महिला को पसंद करता है और उससे विवाह करने की इच्छा जाहिर करता है उसे माता पिता चुप कर देते हैं। एक ताना मारा जाता है," तुझे , यही औरत मिली थी विधवा ; कम से कम हमारे खानदान के बारे में तो सोच लेना चाहिए था।"

लघु कहानी :

विधुर का विवाह करना :

सुरेश अपनी पत्नी गीता से बेइंतहा प्यार करता था। कहीं भी जाना हो गीता के साथ ही जाना, खाना -पीना, यहां तक की उसकी पसंद ही के कपड़े भी पहनता था। अचानक गीता को ब्रैस्ट कैंसर हो गया। सुरेश ने उसका बहुत ईलाज कराया। एक दिन गीता ने अस्पताल में सुरेश का हाथ अपने हाथों में लेकर कहा," सुरेश देखो मेरे जीवन का कोई भरोसा नहीं। मेरे मरने के बाद हमारे मुन्ना मुन्नी को अच्छी परवरिश देना और उनका ख्याल रखना।"

"तुम्हें मैं कुछ नहीं होने दूंगा गीता, तुम मेरी ज़िंदगी हो। तुम्हारे बिना मैं अधूरा हूं। मैं जी नहीं पाऊंगा।" यह कहते हुए सुरेश गीता के हाथ को पकड़े हुए निरन्तर रोए जा रहा था। परिवार वालों ने बहुत समझाया। पर उसने रोना नहीं छोड़ा। अचानक गीता का शरीर ढीला पड़ गया और वह मर गई।सुरेश की बहन ने अपनी मां से कहा," भैया भाभी को कितना प्यार करते हैं।" मां बोली, हां , पता नहीं कैसे जिएगा सुरेश गीता के बिना?"

गीता अपने पीछे दो बच्चे छोड़ गई। दोनो बच्चे बड़े थे। प्यार से उन्हें मुन्ना मुन्नी बुलाते थे। 12 व 14 साल की उम्र थी बच्चों की। दोनों अपने आपको संभाल सकते थे।

सुरेश के माता-पिता और बहन ने उसे और बच्चों को संभाला। एक महीने में ही सुरेश काफी ठीक हो गया। अब वह पहले जैसा लगने लगा। हैरानी की बात सुनिए....जो पति कभी अपनी पत्नी गीता से सच्चा प्यार करने का दावा किया करता था और यह कहता था कि गीता के मरते ही वह भी मर जाना पसंद करेगा। वह एक साल भी बिना स्त्री के नहीं रह पाया और छह महीने में ही दूसरी लड़की माया से शादी कर ली। घर परिवार में किसी

ने उसे कुछ नहीं कहा बल्कि आपस में सब यही कह रहे थे कि "सुरेश नहीं रह पा रहा था बिना पत्नी के। उसे गीता की याद सता रही होगी इसलिए दूसरी शादी कर ली। बहुत ज़िम्मेदारियां हैं बेचारे पर। बच्चों को भी देखना है। अरे! हम तो कहते हैं कि बहुत अच्छा किया जो दूसरा विवाह कर लिया।"

यहां बात बच्चों की देखभाल की नहीं थी बल्कि सुरेश को जो चाहिए था वह केवल एक औरत ही दे सकती थी। अब वह पहले से भी अधिक जवान दिखने लगा था। शारीरिक, मानसिक सुख मिलने से उस पति का जीवन ही बदल गया और वह भूल गया कि कभी उसकी पहली कोई पत्नी भी थी। बच्चे बड़े हो चुके थे पर सुरेश को अपनी फ़िक्र थी ; उसने अपने स्वार्थ को देखते हुए दूसरा विवाह कर लिया ।

बहनो, एक विधवा स्त्री के लिए दौबारा शादी करना आज भी समाज पसंद नहीं करता। बहुत कम लोग होगें जो विधवा स्त्री का साथ देते हैं। आखिर क्यो? बताइये, जब एक पुरूष दौबारा , तिबारा शादी कर सकता है तो स्त्री क्यों नहीं ? उसे भी अपनी इच्छा से दूसरा विवाह करने की स्वतंत्रता होनी चाहिए।

स्त्री सब रिश्तों में
निपुर्णता का परिचय देती है,
परिवार की बगिया को महकाकर
अपना परिचय देती है।
फिर भी नहीं समझी जाती
भावनाएँ स्त्री की।
स्त्री प्रत्येक सम्बंध में
अपना सर्वश्रेष्ठ देती है।
नहीं चाहती धन– वैभव,
केवल चाहती सम्मान,
उसी सम्मान और प्रेम के लिए
अपना जीवन समर्पित कर देती है।

कहानी :

महिला और पुरुष में अंतर

विमला शिक्षित महिला थी। अभी जवान थी। विवाह को दस वर्ष ही हुए होंगे कि अचानक पति का एक्सीडेंट हो जाने से उसकी मृत्यु हो गई। दो छोटी बच्चियां थीं। जो अभी स्कूल में पढ़ रही थीं। विमला के सामने जैसे मुसीबतों का पहाड़ टूट पड़ा। ससुराल वालों ने अभागन कहकर घर से बाहर निकाल दिया। विमला मायके आ गई। मायके में भाई भाभी ने 'हाथ तंग हैं' कहकर विमला से नौकरी करने व अपने खर्च स्वयं उठाने के लिए कहा। विमला के माता पिता ने सलाह दी कि ,"अभी तुम जवान हो, पूरी ज़िंदगी पड़ी है तुम्हारे सामने, ऐसा करो किसी उम्र दराज़ व्यक्ति से विवाह कर लो। जिसकी पत्नी मर चुकी हो। तुम्हें रहने को घर भी मिल जाएगा और बच्चियों को सहारा भी। पर विमला ने यह कहकर इंकार कर दिया कि बेटियों का जीवन खराब हो जायेगा। लोग क्या कहेगें या समाज क्या कहेगा? विमला ने नौकरी करनी शुरू कर दी। जहां वह काम करती थी उसका कार्य क्षेत्र ऐसा था कि उसे महिलाओं और पुरूष दोनों ही से बात करनी पड़ती थी। जब भी विमला किसी पुरूष से बात करती, तभी उसे सोसाइटी वाले अजीब सी नज़रो से देखा करते थे। तरह तरह की बातें बनाना आम बात हो चुकी थी। विमला ने कभी किसी की परवाह नहीं की। वह अपने बच्चों और नौकरी पर ध्यान देती रही। विमला ने अपनी बेटियों को अच्छी तरह से पढ़ाया और काबिल बनाया।

उसने इसके लिए किसी पुरुष का सहारा नहीं लिया।

नोट : उस स्त्री ने अपने बच्चों की खुशी के लिए अकेले पूरा जीवन बिता दिया परन्तु किसी पुरुष के साथ रहना स्वीकार नहीं किया। अधिकतर विधुर पुरूष दूसरी शादी कर लेते हैं जबकि दस में से केवल एक ही स्त्री होती होगी जो किसी मजबूरी के चलते दूसरे विवाह के लिए तैयार हो पाती है।

इसी कहानी के दूसरे मोड़ की तरफ बढ़ते हैं। विमला के दफ्तर में एक विधुर पुरूष भी था। उसके भी दो बच्चे थे। उसने समाज या परिवार की कोई परवाह नहीं की और दूसरा विवाह कर लिया। दफ्तर वालो ने सहानुभूति दिखाई कि पुरूष अकेला है बेचारा।

घर संभाले या बच्चों को संभाले? फिर नौकरी भी तो करनी है। दफ्तर वालो ने उसकी दूसरी शादी की मिठाई बड़े खुश होकर खाई। उससे पार्टी भी ली।

विमला का केस भी तो ऐसा ही था। पर किसी ने उस के प्रति कोई सहानूभूति नहीं दिखाई। मायके वालो ने एक बार पूछकर अपना फ़र्ज़ पूरा कर दिया और मुक्त हो गये । पर क्या इससे ज़िम्मेदारी पूरी हो गई ? वह भी तो अकेले बच्चों का पालन पोषण कर रही थी।

घर से बाहर जाकर नौकरी करती थी।

उसकी परेशानी और अकेलापन समाज को क्यों दिखाई नहीं दिया?

पुरूष का तो अकेलापन सभी ने देख लिया। पर औरत का?

मायके वालो ने एक वाक्य बोल कर पीछा छुड़ा लिया कि दूसरा विवाह कर लो। फिर बाहर वालो से उम्मीद करना बेकार है।

नारी आरंभ ही से शक्तिशाली मानी गई है तभी वह अकेले जीवन व्यतीत कर सकती है परन्तु एक पुरूष शायद ही यह सब अकेले कर पाए।

ऐसे बहुत से उदाहरण हमारे आस पास के क्षेत्रों मे देखने को मिल जायेगें। जो स्त्री और पुरुष के अंतर को स्पष्ट रुप से बताएंगे।

किस्सा :

कुंवारी कन्या

एक किस्सा याद आ रहा है हमारे मोहल्ले में ही एक आदमी विकास विधुर रहता था। कहा जाता था कि दो साल पहले उसकी अपनी पत्नी ने किसी कारणवश आत्महत्या कर ली थी। वह बीमार अधिक रहती थी शायद इसीलिए। अब उसका दूसरा विवाह एक कुंवारी लड़की के साथ हो रहा था। जिसका किसी ने भी विरोध नहीं किया था। सबने खुशी खुशी विकास की शादी कराई।

आप यहां यह देखिए कि पहले से शादीशुदा पुरुष की शादी एक कुंवारी कन्या से हो गई बिना किसी प्रतिबंध के।

दूसरी तरफ विकास के छोटे भाई अनिल को ,जो अभी अविवाहित ही था, एक विधवा

स्त्री नीना से प्रेम हो गया था। नीना, विकास और अनिल की बहन की सहेली थी। उसके पति की हृदय गति रूक जाने के कारण मृत्यु हो गई थी तभी से वह अपने मायके में रह रही थी। एक बच्चा भी था , जो अभी साल भर का ही हुआ था। वह विकास की छोटी बहन के साथ ही कॉलेज में पढ़ा करती थी। अब किसी विधालय में शिक्षिका के पद पर कार्यरत थी। अनिल को नीना पहले ही से अच्छी लगती थी पर उस समय नौकरी ना करने के कारण कभी किसी को अपने मन की बात बताने की हिम्मत ही नहीं जुटा पाया। अब जब नीना सामने थी तो खुद को रोक नहीं पाया और विवाह की इच्छा जाहिर कर दी। जैसे ही विकास और उसके माता पिता को अनिल की एक विधवा से शादी करने की इच्छा का पता चला, समझो घर में महाभारत छिड़ गया। माता पिता ने अनिल को बहुत भला बुरा कहा और विकास ने तो एक चाँटा तक रसीद कर दिया। अनिल ने कहा,"– जब बड़े भैया विधुर होने के बाद भी दूसरा विवाह कर सकते हैं तो क्या मैं अपनी इच्छा से विवाह नहीं कर सकता?"

माता ने समझाया–, "बेटा, हम विधवा लड़की से तुम्हारा विवाह नहीं कर सकते। यह अशुभ है जिसका पहला पति मर गया हो।"

"तो इसमें दोष नीना का थोड़े ही है?" अनिल बोला

"है ...नीना के भाग्य में पति सुख नहीं है। तुम्हारे लिए भी नीना अशुभ साबित होगी।" माँ ने कहा।

परिवार में बहुत बहस हुई। यहाँ तक कहा गया कि एक लड़का चाहे विधुर हो या तलाकशुदा, कुंवारी लड़की से विवाह कर सकता है परन्तु एक कुवाराँ लड़का किसी विधवा या तलाकशुदा से विवाह नहीं कर सकता।

नीना के मायके में भी नीना पर आरोप लगा दिए गये कि ज़रूर उसने ही अनिल को कोई इशारा किया होगा, जो वह उसके पीछे पड़ गया। ना तो अनिल के परिवार वाले इस रिश्ते के लिए तैयार हुए , ना ही नीना के। नीना की तो कोई गलती थी भी नहीं। आखिरकार अनिल का विवाह एक कुंवारी कन्या के साथ कर दिया गया और नीना अपने बच्चे के साथ अकेले जीवन गुज़ारने लगी।

बहनों, यहाँ फिर वही प्रश्न हम सबके सामने है कि एक विधुर, तलाकशुदा व्यक्ति के साथ तो लोग अपनी अविवाहित कन्या की भी शादी करने के लिए तैयार हो जाते हैं और यदि पुरूष एक से अधिक बार भी विधुर हुआ हो, तब भी उसे कुवांरी कन्या मिल ही जाती है परन्तु एक लड़की के साथ ऐसा क्यों होता है कि वह विधवा होने के बाद विवाह नहीं कर सकती या अगर करती भी है तो समाज व परिवार में तरह तरह की बातें उसके विरूद्ध खड़ी हो जाती हैं।

यहाँ तक की कहीं कहीं पर तो लोग उसके चरित्र पर उँगली भी उठा देते हैं।

कई बार तो शर्म आती है समाज की बीमार मानसिकता पर।

आखिर क्यों ये नियम केवल स्त्री के ही लिए बनाये गये हैं ?

क्यों अभाग्यशाली केवल स्त्री समझी जाती है?

जब किसी पुरुष की पत्नी की मृत्यु होती है या तलाक होता है तो उसे समाज क्यूँ अभागा नहीं कहता?

क्यों उसके प्रति सहानुभूति प्रकट करता है?

आखिर यह सब एक स्त्री के हिस्से में ही क्यों आता है?

मन में बहुत सारे सवाल हैं जिनका उत्तर खोजते- खोजते उम्र निकल जाएगी पर जवाब शायद कभी नहीं मिलेगा।

आखिर कब खत्म होगी महिलाओं के प्रति हिंसा ?

कौन है दोषी?

अश्लील गीत व पोर्न वीडियो और निरंतर हो रहे बलात्कार :

अगर हमारे देश से बलात्कार, गंदी सोच, लड़कियों के प्रति सैक्सी भावनाएं आदि समाप्त करना है तो सबसे पहले सोशल मीडिया की ये सैक्सी व गंदी साइट्स को बंद कराना होगा. आजकल हमने देखा है कि कोई भी बच्चा चाहे वह छोटा हो या बड़ा फोन पर अपना कोई प्रोजेक्ट, ऑनलाइन क्लासेज़, या स्कूल से सम्बंधित कोई भी काम कर रहा है तो बीच में कुछ गंदे व भद्दे विज्ञापन आते रहते हैं; कुछ बच्चे जो समझदार हैं वे अपने माता-पिता से कहकर या फिर पूछकर इस प्रकार की साइट्स को ब्लॉक करवा देते हैं पर कुछ बच्चे ऐसे भी हैं जो इन विज्ञापनों की ओर आकर्षित हो जाते हैं और घर परिवार से छुप- छुपाकर जब भी अवसर मिलता है, खोलकर देखते हैं. अब आप कहेंगे कि उसमें साइन इन करना पड़ता है; अपनी उम्र लिखनी पड़ती है,भला यह सब कैसे ओपन हो सकता है?

इसका जवाब भी हमारे पास है, झूठी उम्र लिख देना और कोई भी फेंक आईडी बनाकर उस साइट को खोलकर देखना कोई मुश्किल काम नहीं है. आजकल यह बहुत सरल होता जा रहा है. सोशल मीडिया अगर सख्ती दिखाएगा तो आजकल की जैनरेशन भी तो चालाक है, अपनी फोटो तक एडिट करके सोशल मीडिया पर पोस्ट कर देती है. फिर उम्र की तो बात ही क्या की जाए? कम्प्यूटर, लैपटॉप या मोबाइल कौन सा इस तरह के बच्चों को चैक करने आ रहा है? वह भी एक मशीन ही है जो पूछेगा उसी का जवाब जब उसे संतुष्टि पूर्वक दिया जाएगा तो वह भी ओपन हो जाएगा.

कुछ साल पहले की बात है एक लड़का जो सिर्फ नवीं कक्षा का छात्र था, उसे मैंने अपनी आंखों से देखा था जो देखने में काफी बच्चा सा लगता था. एक दिन सोशल मीडिया पर मैंने एक ऐसे ही हूबहू बच्चे को देखा पर वह मुझे उस बच्चे से थोड़ा सा बड़ा

लगा अर्थात युवा लगा. फिर मैंने एक दो चीज़ें और नोटिस की, काफी कुछ उस नवीं कक्षा में पढ़ने वाले बच्चे से मिलता जुलता सा था. मुझे समझते देर नहीं लगी कि यह उस बच्चे ने अपनी फोटो को एडिट करके पोस्ट किया हुआ है जिससे कोई भी उसे ना पकड़ पाए और आईडी में भी वह युवा ही नज़र आए. उसकी मां से जब मैंने इस विषय में बात की उसने तो मुझे ही दो बातें सुना दी और उल्टा मुझ ही पर यह आरोप भी लगा दिया कि मैं उसके बच्चे को चैक करती रहती हूं. अब ऐसे में मेरा इससे आगे कुछ भी कह पाना संभव नहीं था. जो माता-पिता अपनी संतान पर अंधा विश्वास करते हैं वहीं बच्चे समाज के लिए घातक सिद्ध होते हैं.

कुछ घटनाएं 2024 की....

जो प्रश्न चिन्ह लगाती हैं नारी सुरक्षा पर ....

अभी कुछ दिनों पहले की एक घटना ने पूरे देश के रौंगटे खड़े कर दिए. कोलकाता की इस घटना ने एक बार फिर से निर्भया की याद दिला दी।

आपको बताते हैं कि यह घटना 8-9 अगस्त, 2024 की है, उम्र 31 साल एक ट्रेनी डॉक्टर चेस्ट मेडिसिन डिपार्टमेंट में PG सेकेंड ईयर की स्टूडेंट थी. ऐसा बताया जा रहा है कि ट्रेनी डॉक्टर रात को लगभग 2 बजे के करीब अपने 2 जूनियर्स के साथ डिनर करने के बाद हॉस्पिटल के सेमिनार हॉल गई थी. वहां से वह वापिस नहीं आई. सुबह 6 बजे उसकी अर्धनग्न बॉडी मिली. छानबीन में पुलिस ने बताया कि पहले रेप हुआ और उसके बाद मर्डर हुआ है. कुछ और खुलासे हुए हैं जिनमें बताया जा रहा है कि पहले मर्डर हुआ और बाद में रेप. चाहे कितनी भी बातें कही जाएं या सुनी जाएं इन सबका अब क्या लाभ? उस लड़की का क्या जिसने अभी तक ढंग से इस संसार को भी नहीं देखा था? जिसने कड़ी मेहनत के बाद मेडिकल के कोर्स में एडमिशन लिया था. दिन रात एक कर पढ़ाई की थी. अगर उसकी मां को यह पहले से मालूम होता कि आगे चलकर उनकी बेटी की इतनी दर्दनाक मौत होगी तो शायद वह उसे कोख में ही समाप्त कर देती कम से कम इतनी पीड़ा और दर्द तो उसकी बेटी को ना सहना पड़ता.

कोलकाता वाली घटना सुबह 3 बजे से 6 बजे के बीच की बताई जा रही है, ऐसा

पुलिस का कहना है. CCTV में आरोपी संजय 4 बजे सेमिनार हॉल में जाते देखा गया. ऑटोप्सी रिपोर्ट के मुताबिक, ट्रेनी डॉक्टर के प्राइवेट पार्ट, आंखों और मुंह से खून बह रहा था. चेहरे और नाखून पर चोट के निशान भी थे. यहां तक कि पीड़िता के पेट, बाएं पैर, गर्दन, दाहिने हाथ और होठों पर भी चोट के निशान पाएं गए. उसकी गर्दन की हड्डी भी टूटी हुई पाई गई. देखने पर ऐसा लग रहा था कि जिसने भी उसके साथ यह सब किया है वह कोई इंसान नहीं था बल्कि हैवान था और उसके मन में इस प्रकार की वारदात को अंजाम देना कोई नई बात नहीं थी.

पुलिस ने यह भी बताया कि आरोपी हिंसक पोर्न वीडियो देखा करता था. उसने वारदात को अंजाम देने से पहले शराब भी पी थी.

इतना भयानक बलात्कार देश की एक बेटी के साथ कि रुह तक कांप उठी है. अगस्त के महीने में ही और भी कई घटनाएं सामने आई है , आपको बता दें कि 9 अगस्त ही को थाना महीलपुर की पुलिस ने एक मजदूर की डेढ़ वर्षीय बेटी से बलात्कार करने के आरोप में एक युवक को गिरफ्तार किया. ठीक इसी दिन झारखंड में जमशेदपुर के मांगो इलाके में जय श्री तिवारी नामक 30 वर्षीय स्कूल वैन ड्राइवर को नर्सरी की तीन साल की छात्रा से बलात्कार करने के आरोप में गिरफ्तार किया गया. इसके पहले 3 अगस्त को मध्य प्रदेश के इंदौर में एक प्राइवेट स्कूल बस के ड्राइवर द्वारा किंडर गार्डन स्कूल की चार साल की एक छात्रा से बलात्कार करने का मामला सामने आया. ऐसा बताया जा रहा है कि उक्त ड्राइवर ने छात्रा के कपड़े उतार कर उसके साथ गलत हरकतें की. इसी के साथ अगस्त को एक व्यक्ति ने हरियाणा के हिसार के एक गांव में एक मकान में घुसकर दो बच्चों की मां से बलात्कार किया. इसी दिन मुंबई के खार में एक 65 वर्षीय कैंसर पीड़ित व्यक्ति ने अपने संरक्षण में दी गई एक नाबालिक बच्ची से बलात्कार कर डाला. इसके अतिरिक्त फरीदाबाद के चांदपुर स्थित एक बाल संरक्षण केंद्र में लड़कियों और बच्चों के यौन शोषण और मारपीट के आरोप में पुलिस ने केंद्र की केयर टेकर और दो अन्य पदाधिकारी के विरुद्ध एक केस दर्ज किया.

केयर टेकर के मोबाइल में कई बच्चियों के आपत्तिजनक फोटो और वीडियो बरामद

हुए. समझ में नहीं आता कि लड़कियां क्या फालतू होती हैं जो हर कोई उन्हें अपना शिकार बना लेता है और खुश हो जाता है.

एक घटना और बताते हैं, पंजाब के लुधियाना में एक लड़के ने एक लड़की को अपने साथ भगा लिया क्योंकि वे दोनों एक दूसरे से प्रेम करते थे और विवाह करना चाहते थे पर घर परिवार के डर से लड़का अपनी प्रेमिका को लेकर भाग गया और लव-मैरिज भी कर ली. इस युवक की इस गलती की सज़ा उसकी बहन को चुकानी पड़ी. लड़की के पिता, चाचा, भाई और उनके साथी ने बदला लेने के लिए युवक के घर में घुसकर उसकी बहन के साथ बलात्कार किया और उसका वीडियो बना लिया और फरार हो गए.

अगस्त की 11 तारीख को जालंधर के सिविल अस्पताल में अपनी बीमार मां के इलाज के सिलसिले में आई एक विवाहित महिला के साथ अस्पताल परिसर के बेसमेंट में बलात्कार किए जाने का मामला सामने आया लेकिन बताया जाता है कि महिला ने अपने सम्मान की खातिर पुलिस में शिकायत देने से मना कर दिया. एक घटना महाराष्ट्र में घटित हुई जहां 22 साल की यशस्वी नाम की एक युवती काम के सिलसिले में घर से बाहर निकली थी लेकिन वह घर ही वापस नहीं आई. अगले दिन उसकी लाश मिली. इस घटना को लेकर महाराष्ट्र में बहुत प्रदर्शन भी हुए.

एक और घटना अगस्त महीने की ही है 12 और 13 अगस्त की बात है स्कूल में 23 साल के स्वीपर अक्षय शिंदे ने दो बच्चियों का यौन शोषण किया. इसके बाद दोनों लड़कियां स्कूल जाने से डर रही थीं. माता-पिता को संदेह हुआ. उन्होंने लड़की को भरोसे में लेकर पूछताछ की तो बात सामने आई. एक अभिभावक ने उसी कक्षा की दूसरी लड़की के माता-पिता से संपर्क किया. जब डॉक्टर ने जांच की तो असल घटना सामने आई. बच्ची के माता-पिता ने सामाजिक कार्यकर्ताओं की मदद से बदलापुर थाने में शिकायत दर्ज कराई. ऐसा बताया जा रहा है कि आरोपी अक्षय 1 अगस्त को ही स्कूल में कॉन्ट्रैक्ट पर नियुक्त हुआ था.

इसके अलावा उत्तराखंड में एक नर्स के साथ रेप केस का मामला सामने आया है. उधर एक और मामले के अन्तर्गत राजस्थान में एक महिला को उसके अपने पति ने ही

अपनी बाइक के पीछे उसके पैरों में रस्सी बांधकर बांध दिया और फिर घसीटता हुआ पूरे गांव का चक्कर लगवाया. उसकी वीडियो बनाई और वायरल की. यह वही पति था जिसके लिए इस पीड़ित पत्नी ने कभी करवाचौथ के व्रत रखें होंगे, उसकी लंबी आयु की प्रार्थना की होगी. क्या ऐसा पति होता है, जो अपनी ही पत्नी के साथ पशुओं जैसा व्यवहार करें?

मणिपुर की घटना के बारे में तो क्या ही कहें जहां नारी को निर्वस्त्र कर दिया गया था. वह भी कोई बहुत पुरानी घटना नहीं है शर्मनाक घटना है जिसने समस्त नारी जाति को यह अहसास करा दिया है कि वह कमज़ोर है और उसके साथ कहीं भी, कभी भी, कोई भी पुरुष कुछ भी कर सकता है.

जब लड़कियों व महिलाओं के साथ लगातार रेप व इस प्रकार की घटनाएं होती रहेंगी तो हम कैसे मान लें कि हम आज़ाद हैं? तब हम किसी को स्वतंत्रता दिवस की बधाई कैसे दे सकते हैं? उधर 8-9 अगस्त को कोलकाता में यह कांड हो रहा था और इधर देश स्वतंत्रता दिवस की तैयारी में जुटा था. कहने को देश को 2024 में आज़ादी मिले पूरे 78 वर्ष हो चुके हैं पर क्या यह आजादी स्त्रियों को भी मिली?

उन छात्राओं, कामकाजी महिलाओं, घरेलू महिलाओं आदि की स्वतंत्रता का क्या जिन्हें सरेआम अपमानित कर दिया जाता है?

क्या उन्हें अपने देश व अपनी स्वतंत्रता को मनाने का अधिकार नहीं है? क्या उन्हें खुश होने का अधिकार नहीं है? या ये अधिकार केवल पुरुष वर्ग को ही है?

आज वास्तव में हर लड़की की यह पुकार है कि आज़ादी के इतने वर्षों बाद भी लड़कियां क्यों सुरक्षित नहीं है?

एक लड़की ने इन सब घटनाओं से दुखी होकर हमें बताया कि वह अपनी stream change कर रही है क्योंकि उसे डाक्टर नहीं बनना. "डाक्टर सुरक्षित नहीं है" कहकर वह फूट-फूट कर रोने लगी. यदि लड़कियों के साथ ऐसा ही होता रहा तो शायद समाज में लड़के ही डाक्टर नज़र आएंगे, लड़कियां नहीं. महिलाओं की प्रसूति के लिए विदेश जाना पड़ेगा. इन एक दो माह में महिलाओं के साथ बलात्कार व हिंसक घटनाएं

अधिक देखने को मिली हैं.

इन सब समस्याओ का मुख्य बिंदु अश्लील गीत व पोर्न वीडियो है. पोर्न वीडियो के अंतर्गत छोटी बच्चियों से लेकर बड़ी महिलाओं तक की सैक्स वीडियो देखने को मिल जाती हैं. अपराधी अपने अनुसार वीडियो का चयन करता है और फिर मौका मिलते ही वारदात को अंजाम दे देता है. इन सबसे सबसे भयानक वीडियो पोर्न हिंसक वीडियो होती हैं जो अपराध करने वाले के मस्तिष्क में कूड़ा भर देती है और वह हिंसक पशु बन जाता है. उसके सामने फिर कोई भी आ जाए वह किसी को भी नहीं छोड़ता और अपने हिंसक व्यवहार को सामने लाकर अपनी हवस पूर्ति करता है.

क्या करें कि महिलाओं को सुरक्षित वातावरण दिया जाए? क्या अब यह कहा जाए कि....

"बेटी अनपढ़ बेटी सुरक्षित?"

एक कहावत जो आजकल, नेता, अभिनेता या बड़े सैलिब्रीटिज़ के मुंह से खूब सुनने को मिलती है "बेटी पढ़ाओ बेटी बचाओ"

अब अगर कोई पूछे कि जिन महिलाओं के साथ गैंग रेप हुआ है वे भी तो पढ़ी लिखी शिक्षित, कामकाजी महिलाएं थीं फिर उनके बारे में अब क्या कहावत बननी चाहिए कि "बेटी अनपढ़ बेटी सुरक्षित?" प्रश्न बेहद जटिल व सोचनीय है जिसका उत्तर बड़े से बड़ा नेता, अभिनेता या कोई पंडित भी नहीं दे सकता. इन रेपो पर राजनीति तो गर्माई है पर हल कुछ भी निकलता दिखाई नहीं दे रहा. अपराधी खुलेआम दूसरे शिकार की तलाश में बेखौफ घूम रहे हैं. कानून व्यवस्था चरमरा गई है. कानून सख्त नहीं हैं इसलिए अपराधी को किसी बात का कोई डर नहीं.

समस्या का ईलाज :

इस समस्या का अब एक ही इलाज समझ में आ रहा है, कुछ लोगों का ऐसा कहना है, खासतौर पर उन माता पिता का जिनके घर में संतान के रुप में केवल पुत्रियां ही हैं कि अब तो बस ऐसा किया जाए कि बच्चियों के जन्म लेते ही लिंग परिवर्तन करवा देना चाहिए जिससे कि वह समाज में सिर उठाकर व बिना डरे पढ़ लिखकर नौकरी कर सकें और

डाक्टर भी बने तो भी कोई उनका कुछ ना बिगाड़ पाए. जब समाज में शादी के लिए लड़कियां कम पड़ जाएंगी तब अपराधियों को महसूस होगा कि अब वे क्या करें? अब अपराधी किसका शोषण करें?

कुछ और लोगों की राय ली गई है उनका कहना है कि शाम को 6 बजे के बाद लड़कों व पुरूषों का घर से बाहर निकलना बैन/ रोक कर देना चाहिए.

जहां ग्रुप में लड़के नज़र आएं पुलिस को डंडा दिखाकर अलग कर देना चाहिए. जहां कुछ लड़के खड़े होकर फोन चला रहे हों उन्हें भी अलग कर वहां से हटा देना चाहिए.

बस आदि की प्रतीक्षा के समय लड़कियों से एक निश्चित दूरी पर लड़कों को खड़े होने के लिए कहा जाना चाहिए. भीड़भाड़ वाले स्थानों पर महिला पुलिस को घुस घुसकर यह देखना चाहिए कि कोई पुरुष किसी महिला को छेड़ तो नहीं रहा? यदि छेड़ता या परेशान करता पाया गया तो सीधे पकड़कर जेल में बंद कर देना चाहिए. रेपिस्टों को सरेआम चौराहे पर खड़ा करके फांसी की सज़ा देनी चाहिए या पब्लिक के हवाले कर देना चाहिए फिर पब्लिक उसको चाहे पीटे या मारे या ज़िंदा जलाए उनपर छोड़ देना चाहिए.

समाज में सभी लोगों को इन सब घटनाओं की जानकारी होना बेहद आवश्यक है. कुछ को तो यह भी नहीं पता होता कि देश का प्रधानमंत्री कौन है फिर इन घटनाओं से तो उनका क्या ही सरोकार?

विषय बेहद गंभीर है इसपर हम सबको मिलकर काम करना होगा.

अपने घर की बेटियों को शारीरिक व मानसिक रूप से मज़बूत बनाना होगा. बेटियों के हाथों में रोटी बनाने के लिए बेलन नहीं बल्कि अपनी आत्मरक्षा के लिए हथियार थमाने होंगे.

बेटियों को पराया धन नहीं बल्कि अपना सम्मान अपने हाथ कहना व सिखाना होगा.

शादी के बाद भी बेटियों को यह कभी अहसास नहीं कराना कि ससुराल में शादी होकर गई हो वहीं से उनकी अर्थी निकले, बल्कि बेटियों को यह शिक्षा देकर ससुराल भेजना होगा कि अन्याय सहना भी अन्याय करने जैसा है, उसका विरोध करो. ग़लत बात को स्वीकारो नहीं बल्कि उसका सामना/विरोध करो.

इन सब बातों से समाज में धीरे–धीरे परिवर्तन आना शुरू हो जाएगा . समय तो लगेगा पर परिवर्तन अवश्य आएगा .

एक कदम हम सबको एक साथ उठाना है कि सबकी बेटी हमारी बेटी, समाज की बेटी , पूरे राष्ट्र की बेटी ....

दुल्हन की होगी कमी

एक समय आएगा
ऐसा भी कि
अकेला पुरुष ही
रह जाएगा।
एक औरत के साथ
फिर
दस पुरूषों का
झुंड नज़र आएगा।
लड़ेंगे आपस में
सब पुरुष तब एक दूसरे से
कौन उस कन्या को,
अपनी पत्नी के रुप में पाएगा?
समय बदल रहा तेज़ी से
वक्त सबका
आता है।
आज असुरक्षित
बेटियां दोस्तों!
कल पुरुष भी
असुरक्षित,,
खड़ा नज़र आएगा।
बिना शादी के वह
कैसे रह पाएगा?
जब होंगी ही नहीं लड़कियां,,

दुल्हन अपनी फिर वह
किसे बनाएगा???

यह मात्र शब्दों की पंक्तियां नहीं हैं बल्कि ऐसी वास्तविक है जो कुछ वर्षों बाद स्वतः ही हमारे समक्ष आने वाली है। एक पुरुष जो बिना स्त्री के अधूरा है; वही स्त्री आने वाले समय में उसे बड़ी कठिनाईयों के साथ मिलेगी। यह भी आवश्यक नहीं है कि मिले ही। शायद ना भी मिले। कहा कुछ नहीं जा सकता। पुरुषों के बीच प्रतिस्पर्धा होगी जो जीतेगा, अर्थात जो पुरुष सबसे अधिक योग्य होगा, उसे ही विवाह के लिए पिता अपनी पुत्री सौंपेगा। आने वाले समय में जिनके घर कन्याएं होंगी, वह धनी माना जाएगा और देखना वो दिन दूर नहीं जब बेटे का आशीर्वाद नहीं बल्कि आशीर्वाद में लोगों द्वारा दुधो नहाओ पुत्री फलों का आशीर्वाद मिलेगा।

समय चक्र विशाल,
बदलता अपनी चाल।
कब , क्या से क्या हो जाए?
समय बदल लें अपनी चाल।
कौन जाने , कब होगा क्या ?
कन्याएं जन्म लेंगी भी या नहीं?
पुरुषों तुम सोचो,
तुम्हारा वंश कैसे आगे बढ़ेगा?
जब होंगी ही नहीं धरती पर नारी
तुम्हें भला जन्म फिर कौन देगा?

क्योंकि जो आजकल समाज में हो रहा है उसे देखते हुए तो हम यही अंदाज़ा लगा सकते हैं कि आने वाले समय में अब कोई भी माता-पिता कन्या को जन्म देना ही नहीं चाहेंगे। आप स्वयं सोचिए कि क्या लाभ?

कन्या को जन्म दिया। इसके बाद उसकी बीस-पच्चीस साल तक रखवाली की ; फिर जब वह शिक्षित होकर बाहर निकली, उसने नौकरी करनी शुरू की तो दानवों ने उसे

दबोच लिया और अपनी हवस का शिकार बना लिया। क्या इसी वक्त के लिए ही माता पिता ने उसकी देखभाल की थी? क्या यही मनहूस मौत देखने के लिए उसे जन्म दिया गया था ? इससे अच्छा तो होता कि बेटी को पेट ही में खत्म कर दिया जाता , कम से कम इस प्रकार से तड़प तड़प कर तो ना मारी जाती वह बेचारी बेटी।

पहले कहा जाता था कि लड़की छोटी है, अभी कोई चिंता की बात नहीं। पर यहां तो छोटी बेटियां तक सुरक्षित नहीं हैं , कभी कोई रिक्शेवाला उन्हे अपनी हवस का शिकार बना लेता है, तो कभी कोई कंडक्टर और तो और स्कूल में काम करने वाले माली, स्वीपर तक छोटी मासूमों को नहीं छोड़ते।

किन्ही घरों में भी छोटी बच्चियों के साथ सही व्यवहार नहीं किया जाता, उनका शोषण किया जाता है।

बहुत अफसोस होता है यह सोचकर कि जिस देश में विभिन्न संस्कृतियों को मानने वाले लोग रहते हैं। अनेकता में एकता की मिसाल दी जाती है। जहां मंदिरों में घंटियां बजती हैं, मस्जिदों से अज़ान की आवाजें आती हैं , वाहेगुरु जी की वाणी से प्रभात गूंज उठती है ।गाय, नदियों, पेड़ों को पूजा जाता है, वहां बेटियां सुरक्षित क्यो नही है?

आखिर क्या ग़लती है इन कन्याओं की ?

पहले निर्भया और अब मौमिता लगभग एक ही जैसी घटना, बहुत दुख और अफसोस हुआ यह सब देख और सुनकर। अगस्त महीने में ही लड़कियों, बच्चियों व युवतियों पर अत्यंत अत्याचार हुए और ये वो केस हैं जो हमारे सामने आ भी गए। बहुत से केस तो यह सोचकर दर्ज नहीं करवाए गए कि बदनामी होगी या लोग क्या कहेंगे?

एक बात समझ में नहीं आती कि जिस लड़की का बलात्कार होता है वही समाज से क्यों डरती है ?

जिसका शोषण होता है उसी को छुपाने व मुंह बंद रखने के लिए क्यों कहा जाता है?

बलात्कार से पीड़ित नारी,
भला क्यों घबराएं तू?
कर सामना दानवों का

समाज से क्यूं डर जाएं तू?
दुर्गा बनकर दिखा साहस,
उनको भी नंगा नाच नचा।
हिम्मत कर बढ़ आगे,
पीछे अब क्यों हट जाएं तू?
बलात्कार तूने नहीं किया,
बल्कि तेरे साथ ऐसा हुआ।
यह बात समझ जा नारी,
घबराकर क्यों पीछे हट जाएं तू?
डरकर रहने से क्या होगा?
क्या लुटी अस्मत लौट आएगी?
तुझे करना होगा सामना नारी,
यह मुसीबत ऐसे नहीं मिट पाएगी।
अंधेरो में फैला रौशनी,
समाज से क्यूं घबराएं तू?
जो बुरा होना था हो चुका,
अब मुंह क्यूं समाज से छुपाए तू?
मुंह छुपाऐगें वो रेपिस्ट,
जिन्होंने गंदा कांड किया।
तुझे देनी है उसको सजा,
जिस दुर्योधन ने द्रौपदी का
फिर से चीर हरण किया।
तू नारी महान और रहेगी हमेशा महान ही,
यह बात क्यूं भूल जाएं तू?
कर सामना दानवों का

समाज से क्यूं घबराएं तू?

बलात्कार की घटनाएं तो बहुत पहले से समाज व देश में होती आ रही हैं पहले छुपी रह जाती थीं अब सोशल मीडिया आदि के कारण सामने आ जाती हैं। ऐसा क्यों किया जाता है। पुरुषों को सोचना चाहिए कि वह नारी के बिना अधूरा है। यदि शादी करके अपना घर बसाएगा तो क्या बिना नारी के/ बिना पत्नी के वह अकेला अपना घर बसा पाएगा?

अभी कुछ महीने पहले की बात है हमारे एक जान पहचान वाले दो भाई थे।

एक के घर में बेटी नहीं थी केवल तीन पुत्र ही थे । दूसरे भाई के घर में केवल पुत्रियां ही थीं। दोनों परिवार वालों ने अपने बच्चों को पढ़ाया लिखाया। अब शादी की चर्चाएं हुई तो जिनके पास बेटियां थीं उनकी शादी तो हो गई परंतु बेटे वाला परिवार बैठा रह गया। इस परिवार को अपने इंजीनियर बेटो के लिए शिक्षित वधु नहीं मिल पा रही थी। बहुत प्रयास किया । जब बेटों की आयु पैंतिस वर्ष हुई तब जाकर कम पढ़ी-लिखी लड़कियों के साथ इनकी शादी ज़बरदस्ती की गई। फिर भी इनका सबसे बड़ा बेटा आजतक अविवाहित हैं क्योंकि लड़की मिली ही नहीं और आयु निकल गई।

ऐसा ही आने वाले वक्त में भी होने वाला है क्योंकि एक मां समाज में निरंतर बढ़ रहे अत्याचारों को देखते हुए कन्या जन्म नहीं देना चाहेगी और देखते ही देखते लड़कियों का अकाल पड़ जाएगा फिर जब लड़कियां होंगी ही नहीं तो पुरुषो का विवाह भी नहीं हो पाएगा। एक औरत के पीछे दस पुरुष भागेंगे और कोशिश करेंगे कि उनको वह एकमात्र लड़की विवाह के लिए मिल जाए।

जब धरती पर कन्या ना होगी

जब धरती पर कन्या ना होगी
रौशनी भी बुझ जाएगी।
यह चहकती वादियां भी फिर

खामोशी में बदल जाएगी।
जब धरती पर कन्या ना होगी।।

वो खिलखिलाती हंसी ना होगी,
उड़ती तितलियां ना होंगी
गलियां सब सूनी हो जाएंगी।
जब धरती पर कन्या ना होगी।

सुनसान होंगी सारी बस्तियाँ,
घर परिवार अधूरे होंगे।
भाई की कलाई पर ना होगी कोई राखी,
तीज त्योहार भी ना होंगे,
अरमानों की अर्थी उठ जाएगी,
जब धरती पर कन्या ना होगी।

ख्वाब रह जाएंगे सब अधूरे
कोई कहानी कभी ना पूरी होगी।
पति पत्नी का रिश्ता ना होगा पूर्ण
जब पति के लिए पत्नी ना होगी
कविता रह जाएगी अधूरी,
जब धरती पर कन्या ना होगी।।

अब वो लोरी ना होगी,
बिटिया की घर से विदाई ना होगी।
पुरुषों का सिर गढ़ा होगा धरती में,

जब धरती पर कन्या ना होगी।।

फूलों का रंग फीका पड़ जाएगा,
खुशबू में वो मिठास ना होगी।
सभी रंग पड़ जाएंगे हल्के
जब बिटिया की कोई पुकार ना होगी,
जब धरती पर कन्या ना होगी।।

फिर आशिक कहां जाएंगे?
अपनी ग़ज़लें किसे सुनाएंगे?
किसे करेंगे इशारे बताओ ज़रा?
जब धरती पर कन्या ना होगी।।

रिश्ते अधूरे रह जाएंगे,
लोग बेटियों के लिए तरसते रह जाएंगे।
शादी के लिए वधुएं नहीं मिलेंगी,
जब धरती पर कन्या ना होगी।।
जब धरती पर कन्या ना होगी।।
जब धरती पर कन्या ना होगी।।

संभल जा पुरुष
जो वेश में है दानव के
मत इतरा घमंड में
तेरा अस्तित्व नहीं बिन नारी के।।

आत्मरक्षा के लिए हथियार उठाओ बेटियों

देखो वक्त फिर वही आ गया,,,
एक बार फिर से ,,
निर्भया की याद दिला गया।
बलात्कार कोई शब्द नहीं है कि
इसके लिए मोमबत्ती जलाई जाए।
यह कोई चुनाव का प्रचार नहीं कि
इसके लिए केवल
भाषणों की भरमार की जाएं।
शब्द नहीं छोटा यह
अर्थ इसका बहुत गहरा है।
पूछो उससे,,,
जिसके साथ यह होता है।
यह कर्म घिनौना ईलाज
सिर्फ अपराधी की मौत।
मौत भी ऐसी
जिसे सरेआम लोगों के सामने
कत्ल होना है।
मारो पत्थर या चीर डालो बीच से,
यह सज़ा भी अपराधी के लिए
कम ही होगी।
निर्भया हो या हो मौमिता,
इनके अपराधियों के लिए सज़ा अब
मौत ही होगी।

एक मां कहती है कि उसे
कन्या जन्म नहीं देना है।
उसकी बेटी के साथ ऐसा हुआ
तो क्या होगा?
वाकई सत्य ही तो बात है...
घर बैठेगी बेटी तो पुरुष वर्ग कहेगा
शादी के लिए शिक्षित वधु चाहिए।
शिक्षा प्राप्त करने बाहर जाएगी
तो अपराधी को यही अवसर
उसे दबोचने को चाहिए ।
बेटी के लिए कहा जाता है
कि बेटी पढ़ाओ बेटी बचाओ।
निर्भया और मौमिता शिक्षित थीं,,
देश की सेवा में समर्पित थीं....।
फिर क्यों हुआ उनके साथ
ऐसा कोई बताएगा ?
मोमबत्ती की रौशनी से
क्या कोई उन्हें वापिस ला पाएगा।
रेपिस्ट को नहीं मिलती सज़ा ,
वो खुलेआम घूमता है।
बेटियों उठाओ पिस्तौल
अब उनका मर्डर तुम्हें ही करना है।
आत्मरक्षा करनी होगी खुद की
अपने लिए तुम्हें लड़ना होगा।
निर्भया हो या हो मौमिता

इनका बदला तुम्हें ही लेना होगा।
हथियार तुम्हें ही उठाना होगा।
अपराधियों को सूली पर चढ़ाना होगा।
वक्त नहीं बदलेगा लड़कियों के लिए कभी
इस वक्त को लड़कियों
तुम्हें खुद बदलना होगा।
मोमबत्ती की लौ से नहीं बल्कि
चाकू और बंदूक से अपना बदला लेना होगा।।

संसार में सबसे बड़ा अपराध यदि कोई है तो वो है बलात्कार, जो महिलाओं को तोड़कर रख देता है। एक नारी जो बेबस मजबूर होती है उस वक्त जब दस पंद्रह लोग उसको पकड़ते हैं, जकड़ते हैं और उसका रेप करते हैं। आंखों में आंसू आ जाते हैं जब हम इस प्रकार की घटनाएं सुनते हैं।

सोचिए जिन बेटियों, नारियों के साथ यह सब घटित होता होगा उनकी क्या स्थिति होती होगी, क्या कोई इस बात का अंदाज़ा लगा सकता है?

अब तो समय की यही मांग है कि किसी भी लड़की के लिए खाना पकाना इतना आवश्यक नहीं रह गया, जितना कि अपनी रक्षा स्वयं करना।

आप सबसे विनती है कि एक बार को अपनी बेटी से यह मत कहो कि रोटी गोल बनाओ बल्कि यह कहो कि बिटिया अपनी आत्मरक्षा में अगर तुम्हें किसी हैवान का कत्ल भी करना पड़े तो चूकना मत, कर देना कत्ल, बाकी हम संभाल लेंगे।

फिर देखना देश की बेटियां मज़बूत होगीं और अपनी आत्मरक्षा के लिए आगे आएगीं।

हो सकता है शुरू में इन बहादुर बेटियों की रफ्तार थोड़ी धीमी हो पर धीरे धीरे हिम्मत वाली व साहसी लड़कियों/बेटियों /नारियों की संख्या बढ़ेगी फिर हाथों में मोमबत्ती नहीं बल्कि तलवार चमकेगी।।

फिर क्यों बेटी दहेज के लिए जलाई नहीं जाएगी। फिर किसी बेटी का अपमान नहीं

होगा फिर कोई मां अपनी बेटी को गर्भ में समाप्त करने का नहीं सोच पाएंगी।

आओ बेटियों ,
आओ...।
जागो,,,आगे बढ़ो।
इन अंधेरों को समाप्त करो
जो तुम्हारे चारों तरफ मंडरा रहे हैं।
आओ बेटियों आओ..।
जागो,,,आगे बढ़ो।।

विधवा जीवन क्यूँ त्रासदीपूर्ण ?

विधवा, बेवा, राँड, मृतभर्तृका आदि नामों से जाना जाने वाला यह शब्द अपने गंभीर व सोचनीय प्रश्न लिए सदियों से समाज में कंलक के साथ जी रहा है। विधवा से तात्पर्य उस स्त्री से है जिसका पति मर चुका हो।

एक महिला जिसके पति की मृत्यु चाहे कभी भी हुई हो पर उस स्त्री के माथे पर एक कलंक लग जाता है कि इसका पति मर चुका है। अब यह या वह स्त्री बिना पति की है और यह स्त्री पूर्ण रुप से बेकार है या यह भी कहा जा सकता है कि बिना पति स्त्री रद्दी के समान है।

जिस प्रकार एक पुरुष का अपना अस्तित्व होता है उसी प्रकार एक पत्नी का भी अपना स्वयं का अस्तित्व है, फिर उसे पति के जीवन के साथ क्यों जोड़ा जाता है? क्यों बार बार उसे यह अहसास करवाया जाता है कि जब तक पति जीवित था तब तक उसकी पहचान थी, पति के मरते ही सब कुछ खत्म?

विधवा शब्द कहकर सम्बोधित क्यूँ करें?

यदि एक स्त्री का पति मर जाता है तो उसे लोगों द्वारा विधवा कहकर क्यों सम्बोधित किया जाता है ? अरे भाई! जब पति की अपनी पत्नी मर जाती है और वह विधुर हो जाता है तब उसे तो कोई विधुर नहीं कहता फिर एक स्त्री को क्यों बार बार विधवा कहकर कमज़ोर बना दिया जाता है? या यह अहसास कराया जाता है कि वह अब बहुत क्षीण हो चुकी है।

यदि इसका भावनात्मक रुप देखा जाए तो "विधवा" शब्द एक पत्नी को पति को खो देने के बाद उसके जीवन के सबसे भारी नुकसान की ओर इशारा करता है। देश के कुछ हिस्सों में बल्कि कहना चाहिए कि शायद दुनिया भर में विधवाओं के साथ बर्बरता पूर्ण व्यवहार किया जाता है।

विधवा स्त्री के लिए कपड़े भी निश्चित कर दिए जाते हैं :

विधवा स्त्री के लिए कपड़े भी निश्चित कर दिए जाते हैं कि उन्हें क्या पहनना है और

क्या नहीं, जबकि एक विधुर पति के लिए इस प्रकार की कोई रोक –टोक देखने को नहीं मिलती कि उसे क्या पहनना है और क्या नहीं पहनना?

विधवा घर के बाहर कदम रखती है तो लोगों के द्वारा अपने घरों व खिड़कियों से झांक कर देखा जाता है , घूरकर उसपर दृष्टि डाली जाती है जबकि विधुर / रँडुआ पर कोई ध्यान नहीं देता। सफेद कपड़े पहने और मायूसी में लिपटी महिलाओ के चेहरे की उदासी किसी को दिखाई नहीं देती । हाँ! दिखाई देता है तो विधवा होकर किसी गैर पुरुष से उसका बात कर लेना , विधवा होकर किसी के साथ हस– बोल देना, विधवा होकर स्वतंत्रता के साथ जी लेना।

परिवार व समाज में ऐसा भला क्यूँ है कि विधवाओं को कोई कुछ नहीं समझता ? उनको महत्वपूर्ण समझने से क्यों लोग कतराते हैं? अरे! वे स्त्रियां पहले एक इंसान हैं बाद में विधवा है। वे स्त्रियां विधवा भी कोई अपनी इच्छा से थोड़े ही न हुई हैं, प्रकृति ने कर दिया इसमें क्या दोष नारी का?

विधवा होना कोई पाप तो है नहीं, फिर घृणा कैसी? इतना भेदभाव क्यूँ?

किस्सा : विधुर आश्रम कहां हैं?

एक किस्सा याद आ रहा है सुनंदा का विवाह पांच साल पहले दीपक के साथ हुआ था। दोनो एक बस दुर्घटना में घायल हो गये थे पत्नी बच गई और पति की कुछ दिनों के बाद मौत हो गई। सुनंदा को अभागन का नाम देकर घर से बाहर विधवा आश्रम में भेज दिया गया। कोई पूछे कि सुनंदा की ग़लती बताओ ,अपराध बताओ,,, क्या किसी के पास इस बात का कोई उत्तर है? अगर हो जाता विपरीत तो क्या विधुर पति को भी घर से बाहर भेज दिया जाता? उसे भी विधुर आश्रम में रखा जाता ?

पर एक क्षण के लिए यदि हम सोचें तो विधुर आश्रम तो कहीं है ही नहीं?

पुरूषों की रची इस दुनिया में केवल स्त्रियों के लिए आश्रम हैं पर पुरुष कल भी स्वतंत्र थे और आज भी स्वतंत्रता पूर्वक जीवन जी रहे हैं उन्हें विधुर व रँडुआ आश्रमों की कभी आवश्यकता ही महसूस नहीं हुई क्योंकि 80% विधुर दूसरा विवाह कर लेते हैं उन्हें सब नया मिल जाता है ।

यहां तक की विधुर पुरुष को अविवाहित कन्या तक शादी के लिए आसानी से उपलब्ध हो जाती है।

परंतु विधवा स्त्री जहां अभागन समझी जाती है वहीं दूसरे विवाह के बारे में उसका सोच विचार करना उसे पापी करार तक दे डालता है।

वैसे भी समाज में अलग से विधुर आश्रम हैं क्या ? क्या आपने देखे हैं?

मैं गई थी एक बार ढूढने तो मेरा मज़ाक बना लिया गया और मुझे कहा गया कि यह सब ढकोसले औरतों के लिए होते हैं। अब आप बताइए अगर आपने कहीं विधुर आश्रम देखें हो तो?

विधवा का विधवा जैसा दिखना आवश्यक?

विधवा स्त्री की छवि शुरू ही से ऐसी बना दी जाती है कि वह दूर खड़ी सबसे अलग दिखाई पड़ती है। कोई उससे ढंग से बात नहीं करना चाहता, गले लगाना या गले मिलना तो दूर, कहीं कहीं पर तो उसे घर में आने की इज़ाजत भी नहीं होती बल्कि उसे वैवाहित स्त्रियों से अलग व दूर रखा जाता है। उसको मांगलिक कार्यों में शामिल नहीं होने दिया जाता। यहाँ तक की अपनी बेटी के विवाह तक में विधवा मां शामिल नहीं हो सकती।

किसने बनाए ये नियम?

कौन है इसका कर्ता धर्ता?

कोई पुरुष है या कोई स्त्री?

कौन है इसका कर्ता धर्ता?

अगर कोई है तो इतना बताए कि ये नियम क्यों व कब बनाए गए?

इसमें भेदभाव क्यों किया गया?

जब एक स्त्री को त्रासदीपूर्ण जीवन जीने को बाध्य किया जाता है तो पुरुष को क्यों नहीं?

विधवा के वस्त्र निश्चित विधुर के क्यों नहीं?

विधवा स्त्री अपने पहनावे से भीड़ में अलग दिखाई पड़ जायेगी पर विधुर पुरुष की क्या पहचान है? विधुर को कोई कैसे पहचानेगा? उसे न तो इस तरह संबोधित किया

जाता है और न ही वह अपनी पत्नी को खोने के बाद अपने पहनावे को बदलता है।

विधवा सम्बोधन क्यों?

हमारा प्रश्न आप सबसे यही है कि क्या यह आवश्यक है कि 'पत्नी' को 'विधवा' कह कर सम्बोधित किया जाए?

जबकि अपने पति को खो देने के बाद भी वह एक पत्नी बनी हुई है । सभी रूपों और औपचारिकताओं में अपने पति के नाम को अपने से चिपकाए हुए हैं। किसी भी स्त्री के घर के पते या बैंक की किताब या स्कूल आदि पर जीवित पति का तो नाम लिखा ही होता है पति के मरने के बाद भी वह नाम स्त्री से जुड़ा रहता है। जिस महिला का पति मर चुका हो उसको पति के नाम के साथ ही सम्बोधित किया जाता है उदाहरण,, पत्नी स्वर्गीय श्री.... की।

यहाँ हमारे कहने का तात्पर्य केवल इतना है कि जब मरने के बाद पति पत्नी से प्रत्येक क्षेत्र में जुड़ा है तो यह विधवा शब्द का सम्बोधन क्यों? सफेद वस्त्र क्यों? बर्बरता व्यवहार क्यों ?

आप सब लोग जो इस लेख को पढ़ रहे हैं ज़रा एक क्षण के लिए सोचिए और विचार कीजिए कि ऐसे में एक विधवा स्त्री को समर्थन की आवश्यकता है, सहानुभूति की नहीं। स्वतंत्र हर इंसान हैं फिर विधवा क्यों नहीं? आजादी के साथ जीने का अधिकार सबके पास है। नारी जब स्वतंत्र होगी तभी इस समाज का व संसार का मुकाबला कर पायेगी। अब उन विधवा महिलाओं के सामने दो तरह की जिम्मेदारी आ चुकी हैं पति की भी और अपनी तो हैं ही उसके पास।

विधवा नारी नहीं कमजोर,
उसको शक्तिशाली बनाना होगा।
समर्थन देंगे जब सब मिलकर
बेकार नियमों को हटाना होगा।
शक्ति का रुप समझी जाती नारी,
फिर चाहे हो जैसी भी,

विधवा हो या हो सधवा,
हर परिस्थिति में
उसका साथ निभाना होगा।
एक गहरा प्रश्न आप सबसे मेरा....
विधवा को विधवा क्यों कहा जाता
जबकि विधुर को कोई विधुर नहीं कहता?
बेबस समझी जाती
नारी पर पुरुष को कोई कमज़ोर नहीं कहता....?

यह एक शब्द नहीं है बल्कि धब्बा है स्त्री पर जिसे हम सबको हमेशा हमेशा के लिए मिटा देना है....।।

सभी बहनों के विचारों का स्वागत है..9876850264

टिफिन में भेदभाव

कुछ परिवारों में बेटे और बेटी के नाश्ते, खाने यहां तक की स्कूल ले जाने वाले टिफिन तक में भेदभाव किया जाता है। जहां बेटों को देसी घी में बना खाना दिया जाता हैं; वहीं बेटी को सूखी रोटी अचार के साथ टिफिन में डालकर दे दी जाती है। स्कूल में अध्यापन कार्य के दौरान मेरी एक सहेली बन गई थी उसी ने अपने कड़वे अनुभव मेरे साथ शेयर किए थे।

वह बताया करती थी कि बचपन में उसको अपने भाईयों से हर चीज़ में पीछे रखा जाता था । दीपावली पर कोई मिठाई उसे खाने को नहीं दी जाती थी जबकि उसके भाईयों के हाथ में मिठाई का पूरा डिब्बा रहता था। उसकी मां उसे त्योहार पर कपड़े भी खरीदकर नहीं देती थी; पुराने धुले कपड़े ही वह पहना करती थी। सरकारी स्कूल में पढ़ाई की थी उसने और उसकी शादी बारहवीं के बाद कर दी गई थी , वह भी ग्रामीण क्षेत्र में रहने वाले एक किसान के पुत्र के साथ। उसने अपना भाग्य समझकर सब स्वीकार कर लिया था। परंतु भाग्य कब पलट जाए कहा नहीं जा सकता। उसके पति को शिक्षा में बहुत रूचि थी और यहीं से उसके जीवन में बदलाव आना शुरू हुआ। उसके पति ने अपने परिवार के विरुद्ध जाकर उसे आगे पढ़ाया, वह खुद भी पढ़ता था और दोनों ने बी.ए., बी.एड. किया और एक अच्छी नौकरी प्राप्त की, जिससे उनका जीवन सुधर गया। आज उसके पास दो बेटियां हैं जिनको वह और उसका पति बहुत प्यार करते हैं। वह कहती हैं कि उसके जीवन के कड़वे अनुभव वह अपनी बेटियों के जीवन में नहीं आने देना चाहती और उनको भरपूर खुशियां व प्यार देती है।

दोस्तों! कई बार ऐसा भी होता है जब बेटियों को जन्म देने वाली उनकी अपनी मां ही नहीं समझती, उनको दुख देकर मां को खुशी मिलती है। कोई पूछे ऐसी मांओं से कि उन्हें अपनी जन्म दी हुई बेटी ही क्यों बुरी लगती है ? ऐसी मां या दादी स्वयं को देखें क्या वह लड़की नहीं है? फिर अपने लिंग के साथ इतना भेदभाव भला क्यूं?

बेटियों को नहीं मिलता प्यार
जो उन्हें मिलना चाहिए।
आंखों में उनके सपने हज़ार,
कोई समझने वाला होना चाहिए।
दिल उनका भी धड़कता है,
कोई दिलदार उन्हें भी चाहिए।
बेटियों को नहीं मिलता प्यार
जो उन्हें मिलना चाहिए।।

पिता की ममता रंग लाती नहीं कई बार,
पर मां को तो समझना चाहिए।
बेटों के आगे बेटी कहीं खो जाती है,
मां को यह बात समझनी चाहिए।
कुछ मां जानबूझकर नहीं समझ पाती,
नज़र अंदाज़ कर देती दुख बेटी का।
बेटी को भी प्यार करने वाली मां चाहिए,
बेटियों को नहीं मिलता प्यार
जो उन्हें मिलना चाहिए।।

कभी दहेज का बोझ उनके सिर पर आ जाता है,
कहीं पति शराबी और कबाबी उन्हें मिल जाता है।
कहीं पर स्वतंत्रता उनसे छीन ली जाती है,
कहीं उनको उनके अधिकारों से वंचित रखा जाता है।
बेटियों को भी अपने हिस्से का आसमां चाहिए,
बेटियों को नहीं मिलता प्यार,

जो उन्हें मिलना चाहिए।।

नोट: बेटी बहुत प्यारी होती हैं , माता पिता के ग़म व परेशानियों को भली-भांति समझती व महसूस करती हैं। उन्हें भी बेटों के समान सम्मान दिया जाना चाहिए। उन्हें भी उनके हिस्से की खुशियां देनी चाहिए।